첫 주식
기필코
성공하라

첫 주식 기필코 성공하라

초판 1쇄 인쇄 2022년 1월 28일
초판 1쇄 발행 2022년 2월 10일

지은이 **최진권**
펴낸이 **우세웅**
책임편집 **김은지**
기획편집 **한희진**
콘텐츠기획·홍보 **전다솔**
북디자인 **이선영**

종이 **페이퍼프라이스(주)**
인쇄 **동양인쇄주식회사**

펴낸곳 **슬로디미디어그룹**
신고번호 **제25100-2017-000035호**
신고연월일 **2017년 6월 13일**
주소 **서울특별시 마포구 월드컵북로 400, 상암동 서울산업진흥원(문화콘텐츠센터) 5층 22호**
전화 **02)493-7780**
팩스 **0303)3442-7780**
전자우편 **slody925@gmail.com(원고투고·사업제휴)**
홈페이지 **slodymedia.modoo.at**
블로그 **slodymedia.xyz**
페이스북,인스타그램 **slodymedia**

ISBN 979-11-6785-058-4(03320)

주식 첫 경험 이후 성공 확률을 높이는 주식 노트

첫 주식
기필코 성공하라

최진권(최PD TV 유튜버) 지음

주식을 시작하는 '첫 경험'은 누구에게나 공평하게 주어진다. 그렇지만 첫 경험 이후 투자자의 삶은 각양각색이다. 누군가는 주식 투자를 통해 인생이 행복해졌다고 말하는가 하면, 누군가는 주식 투자에서 쓴맛과 인생의 시련을 맛보기도 한다.

이 극명한 차이는 어디에서 기인하는 걸까? 여러 원인이 있겠지만, 투자에 실패하는 경우는 간단히 말해 조급함과 조바심에 압도된 것이다. 특히 손실 구간에 들어섰을 때 투자 경력이 짧은 투자자일수록 평정심을 잃기 쉽다. 초보 투자자가 큰 수익보다 '잃지 않는 매매'에 집중해야 하는 이유다.

이해를 돕기 위해 초보 투자자가 예상외의 폭락장을 맞아 투자금의 50%를 잃은 상황을 예로 들어 보겠다. 이 초보 투자자는 어떤 선택을 할 수 있을까? 크게 세 가지 선택을 예상할 수 있다. 바로 추가 매수하여 손실률 낮추기(물타기)와 원금 이상으로 회복될 때까지 기다리기(존버), 과감하게 매도하여 다른 종목에 재투자하기(손절)이다.

첫째, '물타기'를 선택한 투자자라면, 주가가 예상대로 상승할 경우 '역시 내 선택이 옳았어.'라고 생각할 것이다. 이참에 분할 매수의 중요성을 자연스럽게 배울 수도 있다. 그러나 주가가 하락한다면? '더 사야 하나? 지금이라도 팔아야 할까? 조금 더 기다려 볼까?' 등의 새로운 고민에 봉착할 것이다. 주가가 상승하지 않는 한 두려움과 조급함을 피하기는 어렵다.

둘째, '존버'의 경우는 어떠한가? 단기간에 원금 이상으로 회복된다면 기다림의 미학을 배우는 좋은 기회가 될 것이다. 그러나 주가가 오르지 않아 무작정 기다려야 한다면? 상승에 대한 확신이 없는 한 이 역시 두려움과 조급함을 내려놓기가 어렵다. 의도치 않은 존버의 고통을 경험하게 될 것이다.

셋째, '손절'을 선택한 경우라면 일단은 속이 쓰릴 것이다. 돈을 잃고 속이 편한 투자자는 한 사람도 없다. '주식하다가 깡통 차겠네.'라고 생각할 수도 있다. 그러나 경험과 지식이 부족한 자신의 상태를 인지하고 손실을 최소화한다는 생각에서 내린 결단이라면 가장 현명한 선택이었다고 평가할 수도 있다. 손실에 대한 복기와 반성을 통해 '한 번 실수는 병가지상사'라는 것을 알 수 있다.

이처럼 주식 시장에는 정답이 없기에 여러 상황을 고려해 최선의 선택에 이를 수 있어야 한다. 예를 들어 비교적 단기간에 주가가 오른다면 물타기나 존버가 의미 있는 선택이 될 것이며, 주가가 제자리걸음이거나 떨어진다면 손절이 최선의 선택이 될 것이다. 그렇다면 궁

극적으로 '잃지 않는 매매'란 무엇일까? 바로 어떤 형태로든 자신에게 가장 고통스러운 결과를 만들지 않는 매매일 것이다.

주식 투자에서 승리하는 방법은 '싸게 매수하여 비싸게 파는 것'이다. 이를 실현하기 위한 수단은 적게 잡아도 수십 가지이다. 누군가는 발 빠르게 호재를 포착해 시장에 퍼지기 전에 매수하며, 누군가는 경험과 노하우를 바탕으로 경기의 상승과 하락을 포착해 침체 구간에서 매수한다. 또 누군가는 미래 먹거리가 될 산업군 중 잠재 가치가 높은 주식을 찾아내서 남들보다 일찍 매수하기도 한다. 매일매일 나오는 차트를 분석하고 당장 내일의 주가를 예상하는 것으로 수익을 실현하는 투자자도 있다. 그러나 열거한 방법 중에 '공부'와 '연습' 없이 거저 얻어지는 방법은 하나도 없다. 또한 초보 투자자일수록 조급함을 경계해야 한다. 주식 시장에는 항시 '팔고자 하는 욕망'과 '사고자 하는 욕망'이 부딪힌다.

초보 투자자는 사고자 할 때 나만 상승장에서 소외된 것 같은 불안감에 쉽게 매수를 결정하고, 팔고자 할 때는 오른 수익을 빨리 실현하고 싶어서 혹은 더 큰 손실을 막고 싶어서 쉽게 매도 버튼을 누른다. 초보 투자자는 '시장의 추세'를 판단하는 것이 어렵다. 매수와 매도에 공을 들이는 법을 알지 못한다. 어찌 보면 당연하다. 따라서 초보 투자자일수록 '내 안에 조급함이 있다'라는 것을 인식해야 한다. 그리고 주식 시장과 주식 관련 정보를 차근차근 모으고 해석한

후 행동하는 신중한 태도를 유지해야 한다. 그러다 보면 어느 순간 수익도 따라온다.

주식을 하면서 명심하는 사자성어가 있다. 《중용》 제 15장에 수록된 '등고자비(登高自卑)'라는 사자성어로 '군자의 도는 비유컨대 먼 곳을 갈 때에는 반드시 가까운 곳에서 출발함과 같고, 높은 곳에 오를 때에는 반드시 낮은 곳에서 출발함과 같다'라는 말이다. 모든 일은 순서에 맞게 기본이 되는 것부터 이루어 나가야 한다는 의미이다. '천리 길도 한 걸음부터'라는 우리 속담과 일맥상통하는 말이기도 하다.

책을 집필할 때 가장 염두에 둔 것은 '주린이의 눈높이에서 시작하자'였다. 실전 매매에 바로 사용할 수 있는 핵심 내용만 전달하려고 노력했다. 이 책은 시장의 큰 그림을 이해하고 그 속에서 돈의 흐름을 익힌 뒤 실전 매매가 가능할 수 있도록 총 6장으로 구성했다.

구체적으로 1장과 2장에서는 돈의 흐름을 알기 위한 거시적인 관점의 시장에 대한 설명과 금리와 환율, 유가와 주식 시장의 상관관계를 서술했고, 3장에서는 사업 보고서와 재무제표 보는 법을 담아 기업을 분석하는 방법을 소개했다. 그리고 4장에서는 주식 투자에 대한 매매 기법 중에서 꼭 알아야 내용을 정리했다. 자신에게 맞는 매매 기법을 확인하고 익힌다면 실전에서 어렵지 않게 수익을 낼 수 있으리라 확신한다. 5장에서는 최근 시장에서 관심이 많은 섹터와 관련 종목을 소개했다. 트렌드를 보며 관심 종목을 꾸준히 추적한다면 좋은 결과가 있을 것이다. 6장에서는 나의 종목 선택 방법과 매도, 매수 방법을 소개했다.

많은 사람이 주식 투자를 마라톤에 비유하고는 한다. 주식 투자를 하며 반드시 지양해야 하는 태도는 일희일비(一喜一悲)하지 않는 것이다. 나는 주식 투자는 일상에서 작은 행복이 되어야 한다고 생각한다. 마라톤이라는 긴 여정에 들어선 모든 투자자가 행복하고 즐겁게 매매할 수 있기를 바라며, 더 풀고 싶은 이야기는 유튜브 〈최PD TV〉에 옮겼다.

이 책을 쓰는 동안 부담감과 책임감이 앞서는 날도 많았지만 즐겁고 행복했다. 아울러 책을 쓰는데 도움을 주신 정재호 님, 성연실 님께 감사의 인사를 전한다. 부족한 원고를 멋진 책으로 편집해 주신 슬로디미디어 임직원 분께도 심심한 감사의 말씀을 드린다.

마지막으로 항상 저를 믿고 지지해 주신 아버지와 어머니께 고맙고 사랑한다는 인사를 전하며, 어려운 시기에도 항상 묵묵히 믿고 기다려 준 아내와 딸에게 이 책을 전한다. 언제나 감사하고 사랑합니다.

2022년 1월

최진권

| 차 례 |

PART 1

시장 분석

PART 2

경제와 주식 시장의 상관관계

PART 3

기업 분석 방법

PART 4

매매 기법 소개

PART 5

섹터 및 종목 소개

PART 6

매매의 기술

개별 종목을 매매하기 전에 가장 먼저 살펴볼 것은 시장의 분위기다. 국내 시장은 물론 글로벌 시장의 분위기를 보며 매매할 수 있는 환경인지를 파악해야 한다. 현재 시장에서 주도하는 섹터가 어디인지, 어떤 재료가 시장에서 강하게 움직이는지를 확인하고 매매에 임하도록 하자.

PART 1

시장 분석

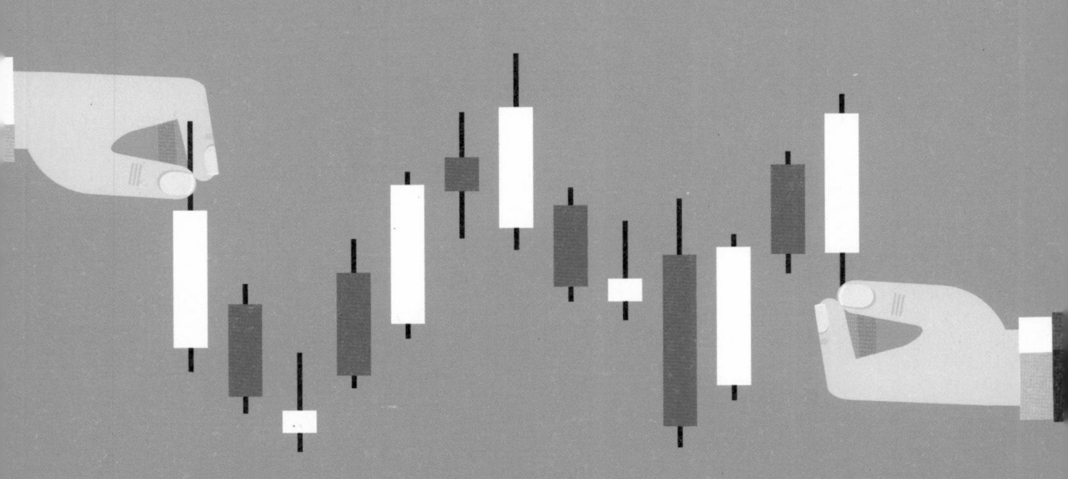

시황 분석 어떻게 할까?

종목을 매수하기 전에 꼭 거쳐야 할 과정이 있다. 바로 시황 분석이다. 현재 시장의 분위기를 파악하고 분석한 뒤에 종목을 매수하는 것이 안전한 매매라고 할 수 있다. 흔히 시장에서 말하는 톱다운(Top-down) 방식으로 시장을 바라봐야 한다는 의미이다. 시황 분석을 해야 할 이유는 매우 자명하다. 시장이 상승하는 시기에는 적극적으로 참여하고, 시장이 하락하는 시기에는 보수적으로 임해야 하기 때문이다. 주식 시장에는 "숲을 보고 나무를 보라"라는 격언이 있다. 여기서 숲은 전체 시장의 분위기이고, 나무는 개별 종목이다. 경기가 상승하면 주가도 상승하고, 경기가 하락하면 주가도 하락한다.

경기는 회복기-활황기-후퇴기-침체기로 순환하고 주기적인 사이클로 변동한다. 경기 선행 지수는 7개의 구성 지표 움직임을 종합해 작성할 수 있다. '재고 순환 지표, 경제 심리 지수, 기계류 내수출하 지수(선박 제외), 건설 수주액, 수출입 물가 지수, 코스피 지수, 장단기 금리차'가 그것이다. 개별적으로 살펴보자.

첫째, 재고 순환 지표는 기업이 물건을 시장으로 내보내는 출하의 증가율(전년 동월비)과 판매하지 못하고 창고에 쌓아 두는 재고의 증가율(전년 동월비)의 차이를 보여주는 지표로 산업별 체감 경기를 파악할 수 있다. 둘째, 경제 심리 지수는 기업과 소비자 모두를 포함한 민간이 경제 상황에 대해 어떻게 생각하는지를 종합적으로 파악하는 지표이다. 셋째, 기계류 내수출하 지수는 제조업체에서 직접 생산한 제품을 국내 판매 업체, 타사 업체, 기관, 단체, 개인 소비자 등에 판매하는 활동의 단기 추이를 파악하기 위해 작성하는 지수이다. 넷째, 건설 수주액은 발주자와 체결한 공사계 약액과 직영 공사 총공사비의 합계액을 말한다. 다섯째, 수출입 물가 지수는 수출입 상품의 가격 변동을 파악해 그 가격 변동이 국내 물가에 미치는 영향을 사전에 측정하기 위해 작성하는 지수다. 한국은행에서 매월 초 전월 가격을 조사하여 작성한다. 여섯째, 코스피 지수는 장 전체의 주가 움직임을 측정하는 지표로 이용되며, 투자 성과 측정과 타 금융 상품과의 수익률 비교, 경제 상황 예측 지표로도 활용된다. 일곱째, 장단기 금리차는 말 그대로 단기 금리와 장기 금리의 차이를 말한다. 단기 금리는 만기 1년 이하의 금융 상품의 금리를, 장기 금리는 만기 1년 이상의 금융 상품의 금리이다. 이 두 금리의 차이를 추적하면 경기를 전망하는 데 도움이 된다. 일반적으로 리스크에 따른 금리는 단기 금리보다 유동성 위험과 신용 위험이 큰 장기 금리가 높다. 그런데 간혹 장기 금리가 단기 금리보다 낮을 때가 있다. 이를 장단기 금리의 역전 현상이라고 하는데, 향후 시장이 경기에 대해 매우 부정적일 때 이러한 현상이 나타난다. 장단기 금리의 역전 현상 뒤에는 침체기가 올 가능성이 매우 크다.

주식 시장의 기본 원리는 싸게 사서 비싸게 파는 것이다. 그러기 위해서는 경기 선행 지수와 뒤에 언급할 금리, 환율, 유가와 주가의 상관관계를 알아 시장을 예측하고, 지수의 이동 평균선을 이용해 시장을 분석해야 한다. 아무리 좋은 종목도 숲을 이길 수는 없다. 거시적인 관점에서 시장을 보고 신중하게 투자해야 한다. 그렇다면 이동 평균선을 이용해 시장을 분석한다는 건 무슨 말일까?

아래에 표시된 부분은 5일선이다. 이 5일선이 우상향인지 우하향인지 파악하자. 그리고 10일선도 봐야 한다. 5일선과 10일선이 정배열을 이루고 있는지 보자. 정배열이 되어 있으면 현재 시장은 안정화되어 있다고 판단할 수 있다. 즉, 5일선과 10일선의 배열은 시장의 흐름을 강하게 반영한다. 중기적인 관점으로 보려면 60일선을 기준으로 해야 한다. 60일선은 3개월간의 주가 평균값을 나눈 지표로, 우상향하는 모양새라면 종목을 더 길게 가져가는 전략을, 우하향하는 모양새라면 종목을 교체해 수익을 실현하는 전략을 세울 수 있다. 이렇게 시황 분석을 해야 상승장과 하락장에서 대처할 수 있다.

종목이 상승하고 하락하는 이유는 다양하다. 상승장은 시중의 풍부한 자금의 유동성으로 오는 유동성장세, 경기 호조에서 오는 실적장세, 종목의 재료와 상관없이 상승하는 순환매장세 등이 있으므로 기본적으로 시황과 연관해 매매에 임하는 게 바람직하다.

장세	역금융장세	역실적장세	금융장세	실적장세	역금융장세	역실적장세
주가	후퇴기	침체기	회복기	활황기	후퇴기	침체기
주가 경기 순환 모형	← 약세국면	→	← 강세국면	→	← 약세국면	→
경기	활황기	후퇴기	침체기	회복기	활황기	후퇴기

앞에서 경기는 회복기–활황기–후퇴기–침체기로 순환한다고 했는데 주식 역시 일정한 사이클(금융장세, 실적장세, 역금융장세, 역실적장세)을 가지고 움직인다. 주가의 회복기와 활황기를 강세국면이라고 하고, 후퇴기와 침체기를 약세국면이라고 한다. 주식에서 강세국면은 금융장세, 실적장세를 만들고, 약세국면은 역금융장세, 역실적장세를 만든다.

	금리	실적	주가
금융장세	↓	↘	↑

금융장세는 주가의 회복기이고, 경기의 침체기에 해당한다. 정부가 경기 부양책으로 금리를 인하하고 공공투자를 확대하며 자연스럽게 시장에 돈이 풀리기 때문이다. 주식 시장에는 이때 돈이 몰린다.

	실적	실적	주가
실적장세	↗	↗	↗

실적장세는 주가의 활황기이고, 경기의 회복기에 해당한다. 금융장세에서 실적장세로 전환되면서 금리와 주가는 점점 증가하고, 기업의 실적은 빠르게 증가한다.

역금융장세	금리	실적	주가
	↑	↗	↓

역금융장세는 주가의 후퇴기이며 경기의 활황기에 해당한다. 경기가 활기를 띠는 시기이므로 기업의 실적은 최대가 되고, 금리가 인상되며 주가가 하락한다. 주가가 하락하는 이유는 경기 과열로 정부에서 긴축 정책을 펼쳐 거래량이 급감하기 때문이다.

역실적장세	금리	실적	주가
	↘	↓	↘

역실적장세는 주가의 침체기이고, 경기의 후퇴기에 해당한다. 주가가 바닥을 알 수 없을 정도로 하락하는 시기다. 이때는 위에서 언급한 바와 같이 다양하게 시황을 분석하며 방어해야 한다. 현재 시장의 분위기를 확인하며 매매하는 것과 시장의 분위기를 확인하지 않고 매매하는 것은 천지 차이다. 반드시 시황을 파악해 향후 매매에 대한 시나리오를 작성하자. 그러면 안정적으로 매매할 수 있을 것이다.

기본적 분석 어떻게 할까?

기본적 분석이란 기업의 내재 가치를 분석하여 미래의 주가를 예측하는 것이다. 어떤 기업의 주가가 내재 가치보다 저평가되었다고 판단되면 매수하고, 고평가되었다고 판단되면 매도하는 것이 기본적 분석의 흐름이다. 기본적 분석을 기반으로 종목을 선정할 때 쓰는 방법은 바텀업(Botton up) 방식과 톱다운 방식 두 가지가 있다.

첫째, 바텀업 방식이란 나무를 먼저 보는 미시적 관점으로 기업을 분석한 뒤 산업 분석, 경제 분석을 하는 것이다(기업 분석→산업 분석→경제 분석). 이 경우에는 저평가된 기업에 투자하기 때문에 시장 상황과 무관하게 주가는 상승할 수 있다. 거시 경제가 안 좋은 상황에도 리스크를 줄일 수 있어 안전한 투자법이라는 장점이 있다. 그러나 경제 상황이 개선되어 호황을 누리며 주가가 급성장하는 상황이 벌어지면 오히려 상승장에서 소외되는 현상이 나타날 수 있다. 또한, 바텀업 방식은 기업 분석이 자세해 장기 투자자에게 적합하다. 예를 들어

재무제표 및 기업 정보를 통해 분석한 결과 현재 기업 가치를 주당 10만 원이라고 생각했는데, 주식 시장에서 8만 원에 거래되고 있다면 매수해 예상 가치로 산정한 금액까지 가지고 가는 전략을 짤 수 있다.

둘째, 톱다운방식이란 숲을 먼저 보고 나무를 보는 거시적 관점의 방식이다. 바텀업 방식의 반대되는 개념으로 경제 분석을 한 뒤 산업 분석, 기업 분석을 하는 것이다(경제 분석→산업 분석→기업 분석). 우선 현재 시장의 환경을 파악하고, 현재 시장 환경을 바탕으로 투자할 섹터와 업종은 어디인지, 해당 섹터를 주도하는 기업은 어느 단계로 접근하는 것이 좋은지를 판단한다.

시장	경기가 위축되면 자본을 투입하여 경기가 회복되고 인플레이션이 발생해 물가가 상승한다.
업황/섹터	유가 및 원자재 가격이 상승해 경기 민감주(경제적 상황이나 경기 변동에 상대적으로 민감하게 반응하는 종목)가 움직인다.
종목	기업 실적 및 수익 구조를 확인하고, 상대적 저평가 기업과 재무 구조 등의 투자 지표를 확인한다.

기술적 분석 어떻게 할까?

기본적 분석이 기업의 내재 가치를 판단하는 것이라면 기술적 분석은 기업의 내재 가치와 관계없이 주가의 흐름 또는 거래량을 도표화하여 분석한다. 과거의 일정한 패턴이나 추세를 알아내서 이를 활용해 주가 변동을 예측하는 것이라고 할 수 있다.

기술적 분석의 장점은 주가와 거래량, 캔들에 모든 정보가 반영된다는 점이다. 주가 변동의 패턴을 추적하면 어느 정도 미래를 예측할 수 있다. 또한 차트를 보며 빠르고 직관적으로 주가를 분석할 수 있다. 그러나 과거의 주가 변동이 미래에도 적용되는 게 아니라는 점, 차트 해석을 자위적으로 해석할 수 있다는 점, 주가 변동이 수급이 아니라 다른 요인으로 나타날 경우에는 설명에 어려움이 있다는 점, 차트가 완성되어야 분석 결과를 도출할 수 있다는 후행성의 성질, 이론적 검증의 어려움은 단점이다.

추세 분석이라는 게 있다. 추세란 장기적으로 변화하는 큰 흐름을 말한다. 주가는 상당 기간 같은 방향성을 지속하려는 경향이 있다는 특성을 이용한 기법으로, 최근 만들어진 추세를 바탕으로 상승 추세라면 매수의 관점으로 보고, 하락 추세라면 매도의 관점으로 접근한다.

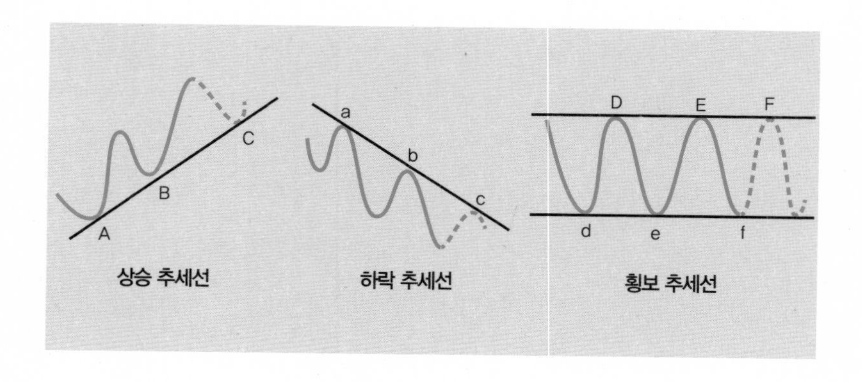

역추세 순응 전략도 실행해 볼 수 있다. 추세 반전을 예상하여 최고가에 매도해 최저점에서 매수 포인트를 잡는 전략이다. 물론 위험도는 존재한다. 이렇게 패턴 분석은 주가 추세선이 천장권이나 바닥권에서 나타나는 여러 가지 주가 변동 패턴을 미리 정형화한 뒤 주가의 전환 시점과 움직임을 예측하는 것이다.

아래는 추세의 패턴 중, 헤드앤숄더 패턴이다. 세 개의 봉우리로 구성되며 세 번째 봉우리가 첫 번째 봉우리보다 고점이나 저점이 낮아지면 주가의 방향이 하락세일 가능성이 매우 크다.

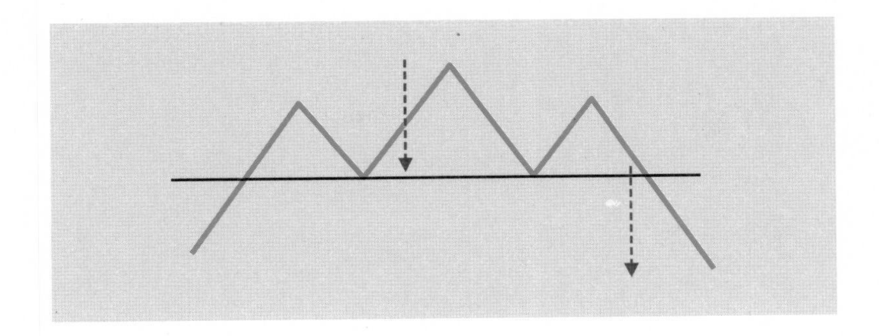

아래 역헤드앤숄더 패턴은, 세 번째 봉우리가 두 번째 봉우리보다 저점이나 고점이 높아지면 주가의 방향이 상승세일 가능성이 매우 크다.

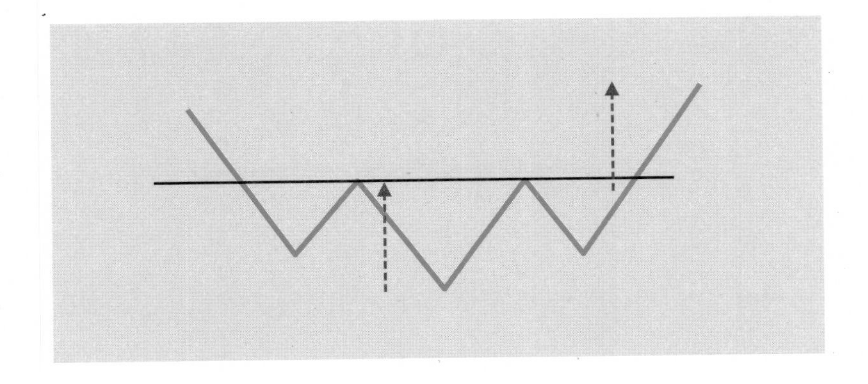

쌍바닥 패턴은 세 가지로 나눌 수 있다. 저점이 같은 경우, 왼쪽 바닥보다 오른쪽 바닥이 저점을 형성한 경우, 오른쪽 바닥보다 왼쪽 바닥이 저점을 형성한 경우이다.

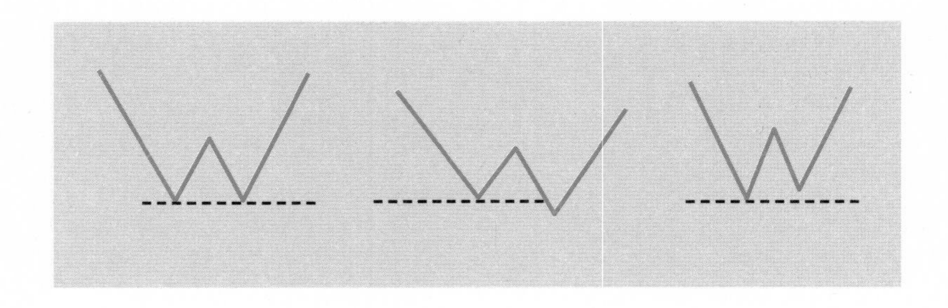

또한, 아래 삼중 바닥 패턴이라면 쌍바닥 패턴보다 신뢰성이 높다고 볼 수 있다.

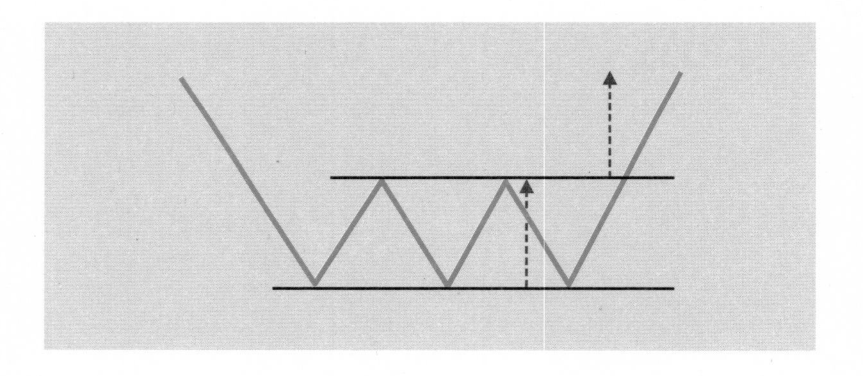

아래 쌍봉 패턴은 두 번째 봉우리가 첫 번째 봉우리보다 고점을 뚫지 못하면 하락세로 만들어질 가능성이 높다고 볼 수 있다. 또한, 두 번째 봉우리는 첫 번째 봉우리보다 거래량이 많으면 하락 가능성이 높다.

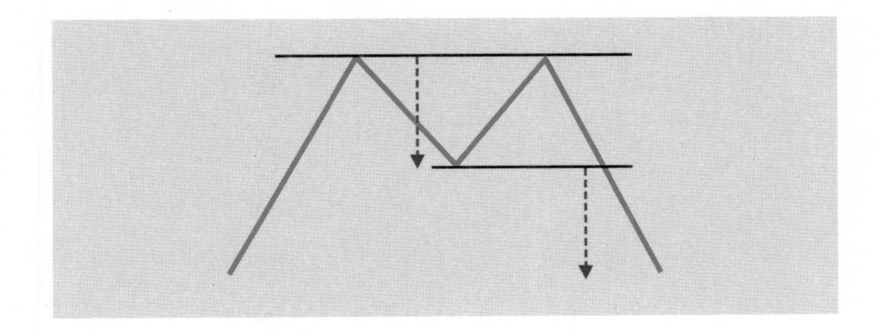

즉, 기본적 분석과 기술적 분석의 두 가지의 방법을 상호 보완하여 조화롭게 투자를 진행해야 한다. 시장의 상황에 맞게 투자해야 최상의 결과를 가져올 수 있다.

구분	기본적 분석	기술적 분석
목표	좋은 종목 선정	매매 시점 포착
분석 대상	내재 가치	주가와 거래량의 과거 흐름
목적	본질 가치	미래의 가격 흐름을 예측
활용 수단	재무제표	차트
투자	장기 투자	단기 투자
정보	현재 정보	과거 정보
특징	시장 변화 원인 파악	시장 변화 방향 파악
장점	기업 가치 파악 가능	주가 흐름 파악 가능
단점	주가 흐름 파악 어려움	기업 가치 파악 어려움

금리와 환율, 유가는 우리 생활에 가장 큰 영향을 끼친다. 금리 인상과 인하에 따라 환율이 변동하며, 환율의 상승과 하락에 따라 수출입을 하는 기업에 간접적인 영향을 끼치기 때문이다. 유가 인상률도 환율 변동에 영향을 끼친다. 특히 유가는 금리와 환율과 달리 선행 지표로 움직인다.
유가는 경기가 호황으로 들어서는 길목, 즉 주문량이 늘거나 운송량이 늘어나는 초기에 선주문하고 한 달 뒤에 받아오는 식이다. 때문에 가까운 미래에 대한 투자로 보고 유가는 선행 지표로 움직인다고 볼 수 있다. 금리와 환율, 유가는 우리 실생활과 유기적인 관계를 맺으며 움직인다.

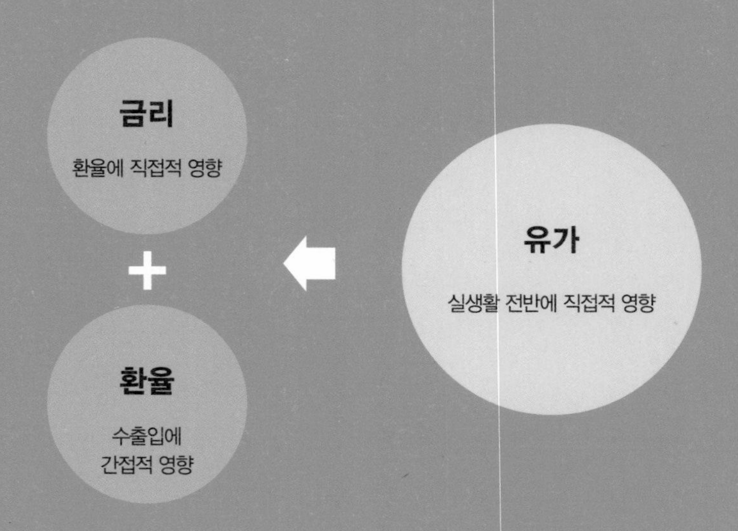

PART 2

경제와 주식 시장의 상관관계

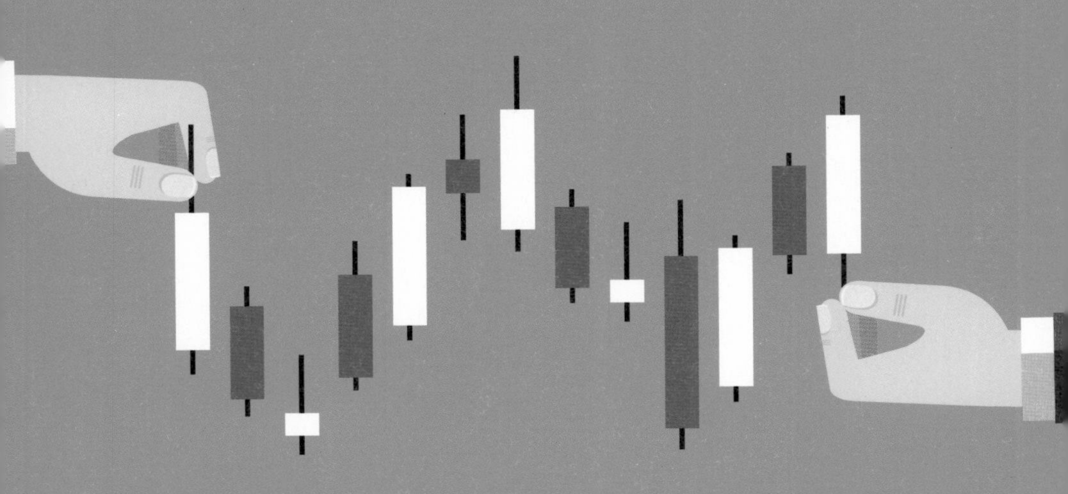

금리와 주식 시장의 상관관계

금리는 돈의 가격이라는 의미이다. 자금이 거래되는 금융 시장에서 자금 공급자가 자금 수요자에게 자금을 빌려준 것에 대한 대가로 지급하는 이자 또는 이자율을 의미한다. 쉽게 풀어서 표현하면 금리는 남의 돈을 이용할 때 내는 사용료이자 기회비용의 대가, 빌린 기간에 따른 보상, 빌린 사람의 신용도를 종합적으로 판단하여 매긴 것이라고 본다.

기준 금리는 한 나라의 금리를 대표하는 정책 금리로 각종 금리의 기준이 되며, 한국은행의 최고 의사 결정 기구인 금융통화위원회가 결정한다. 그렇다면 한국은행의 역할은 무엇일까? 한국은행 존재의 가장 큰 목적은 당근과 채찍으로 시장에 직간접적으로 개입하여 물가를 안정시키기 위함이다. 구체적으로 인플레이션을 통제하고, 기준 금리의 인상과 인하, 할인율을 결정해 금융 시스템의 안정화를 도모한다. 만약 경기가 호황이라 물가 상승에 문제가 없으면 금리를 동결시키고, 물가 상승에 문제가 있으면 금리를 인상하는 식으로 말이다. 그러므로 한국은행이 인식하는 경기 상황이나 통화 정책에 대한 코멘트와 가이드를 추적하면 자산별 영향에 대해 예측할 수 있다. 아래는 시간의 흐름에 따른 기준 금리이다.

〈단위 : 기간중 평균 금리 %〉

	2013	2014	2015	2016	2017	2018	2019	2020	2021 04월	2021 05월	2021 06월	2021 07월	2021 08월	2021 09월
	▲▼■	▲▼■	▲▼■	▲▼■	▲▼■	▲▼■	▲▼■	▲▼■	▲▼■	▲▼■	▲▼■	▲▼■	▲▼■	▲▼■
국고채 3년(평균)	2.79	2.59	1.79	1.44	1.80	2.10	1.53	0.99	1.14	1.13	1.30	1.42	1.41	1.52
국고채 5년(평균)	3.00	2.84	1.98	1.53	2.00	2.31	159	1.23	1.58	1.65	1.70	1.69	1.65	1.79
국고채 10년(평균)	3.28	3.18	2.30	1.75	2.28	2.50	1.70	1.50	2.04	2.13	2.10	1.98	1.91	2.06
회사채 3년(평균)	3.19	2.99	2.08	1.89	2.33	2.65	2.02	2.13	1.98	1.89	1.91	1.89	1.84	1.95
CD 91(평균)	2.72	2.49	1.77	1.49	1.44	1.68	1.69	0.92	0.74	0.68	0.66	0.69	0.77	0.98
콜 금리 (1일물, 평균)	2.59	2.34	1.65	1.34	1.26	1.52	1.59	0.70	0.48	0.48	0.51	0.53	0.56	0.77
기준 금리	2.50	2.00	1.50	1.25	1.50	1.75	1.25	0.50	0.50	0.50	0.50	0.50	0.75	0.75

* 출처 : 한국은행 경제통계시스템

한국은행의 통화 정책에 대해 살펴보자. 기본적으로 통화 정책은 기준 금리를 활용한 간접 방법과 돈을 풀거나 거두는 직접 방법이 사용된다.

금리 인하 → 양적 완화 → 테이퍼링 → 금리 인상 → 양적 긴축

예를 들어, 경기가 불황이면 사람들은 돈을 빌리지 않고 소비가 위축되어 시장에 돈이 돌지 않는다. 그러면 한국은행은 금리를 인하

해서 사람들이 돈을 쉽게 빌려 쓸 수 있도록 한다. 기준 금리가 내려가면 대출 금리도 내려가기 때문이다. 경기가 회복되지 않으면 한국은행은 국채 등의 각종 자산을 매입해 시중에 직접적으로 돈을 공급한다. 이렇게 해서 경기가 좋아지면 더는 양적 완화를 하지 않는다. 그러나 돈을 계속 공급하면 인플레이션으로 물가가 상승할 수 있다는 단점이 있다. 물가 상승은 소비량과 기업 생산량, 고용도를 하락시키므로 결국 가계 소득이 줄어드는 악순환을 야기시키게 된다. 이런 상황이라면 한국은행은 테이퍼링(Tapering)을 시행한다. 테이퍼링이란 사전적 의미로 '점점 가늘어지다, 끝이 뾰족해지다'라는 뜻으로 2013년 연방준비제도이사회 의장인 벤 버냉키 의장이 언급한 단어다. 지금은 '시장에 공급하는 돈의 양을 서서히 줄여나가다'라는 의미로 통용된다. 이런 테이퍼링이 시행되면 '긴축 발작'이 일어나 신흥국이 긴장하게 된다. 신흥국에 투자한 투자자들이 기준 금리 인상을 예상하고 투자금을 빼서 본국으로 가져갈 수 있기 때문이다. 신흥국 통화에 대한 수요가 줄면 해당 국가의 통화 가치와 증시는 하락한다. 물론, 시장에 푼 돈을 거둔다는 의미가 아니다. 돈은 계속 풀지만 점점 줄이겠다는 의미다. 한국은행도 이런 정책을 세우기 위해 시장의 상황을 계속 주시한다. 돈의 양을 줄여서 푸는 데도 경기가 좋으면 한국은행은 양적 완화를 멈추고 금리 인상을 통해 경기 상황을 지켜본다. 또한, 사람들은 대출 금리가 높아지면 대출금을 빨리 갚으려고 할 것이다. 그러면 시장에 풀린 돈이 다시 한국은행으로 돌아오게 된다. 그

뒤 경기가 과열된다고 판단하면 한국은행은 양적 긴축 정책을 펼친다. 정부와 지자체 예산을 삭감하거나 세금을 인상하는 식으로 시장에 풀린 돈을 다시 거둬들이는 것이다.

그렇다면 금리와 주식은 어떤 상관관계가 있을까? 첫째, 기준 금리가 인상되면(경기가 호황일 때) 주식 수요가 감소해 주가가 하락한다. 금리가 인상되면 무리한 투자 수요가 감소하고 생산과 고용이 감소해 민간 소비가 위축된다. 무리한 투자보다 대출을 먼저 갚게 되면서 자금이 다시 은행과 채권으로 들어가게 되는 것이다. 즉, 주식과 부동산 시장에 투자된 돈이 빠지게 되어 주가 하락의 원인이 된다.

물론 금리 인상 수혜주도 있다. 금융주와 경기 민감주들이다. 은행주와 보험주는 금리 인상 수혜주이자 배당주로도 매력적이다. 은행

섹터		종목
금융주	은행	하나금융지주, DGB금융지주, 신한지주, 우리금융지주, KB금융, 우리종금, 카카오뱅크, 제주은행 등
	보험	삼성화재, 현대해상, 삼성생명, 한화생명, 한화손해보험, DB손해보험, 롯데손해보험 등
경기 민감주	정유	S-Oil, SK이노베이션, GS, 중앙에너비스, 흥구석유, 극동유화 등
	화학	효성화학, 롯데케미칼, 그린케미칼, 한화솔루션, KG케미칼, 케이디켐, 한일화학 등
	철강	POSCO, 현대제철, NI스틸, 경남스틸, 포스코강판, 동국제강, 한국주강, 동일철강 등
	기계	두산인프라코어, 씨에스윈드, 혜인, 두산밥캣, 현대건설기계 등
	조선	HMM, 한국조선해양, 대우조선해양, 삼성중공업 등

주는 대출 시 이자가 늘어나 예대마진(대출 금리와 예금 금리의 차)이 확대되며, 보험사는 고객에게 받은 보험료를 채권이나 부동산에 투자하기 때문에 금리 인상은 채권 투자 수익률을 높일 수 있다.

둘째, 기준 금리가 인하되면(경기가 불황일 때) 주식 수요가 증가해 주가가 상승한다. 금리가 인하되면 기업에 대한 투자 수요가 증가하고 생산과 고용이 증가해 민간 소비에 활력을 주게 된다. 예적금의 매력이 없어지며 대출이 증가하고 주식과 부동산 시장으로 자금이 몰리는 것이다. 주식 수요의 증가는 매수하려는 사람이 많아진다는 의미이므로 주가 상승의 원인이 된다. 일반적으로 부채 비율이 높은 기업들이 이자가 줄면서 혜택을 받을 수 있다. 즉, 경기 방어주들이 혜택 받게 된다.

섹터		종목
소비주	여행	아난티, 하나투어, 모두투어, 노랑풍선, 참좋은여행, 강원랜드, 호텔신라, 글로벌텍스프리 등
	쇼핑	현대백화점, 이마트, 현대홈쇼핑, 롯데쇼핑, 신세계, BGF리테일, GS리테일 등
	의류	크리스에프앤씨, 한세실업, F&F, 코웰패션, 한섬, 영원무역, 신원, 신성통상, 휠라홀딩스, LF, 경방, 태평양물산 등
금융주	증권	한화투자증권, 키움증권, 이베스트투자증권, 유화증권, 미래에셋증권, NH투자증권, KTB증권 등
경기 방어주	건설	대우건설, 서희건설, 일성건설, 벽산, 시공체크, GS건설, DL이앤씨, 태영건설 등
	기계	두산인프라코어, 씨에스윈드, 혜인, 두산밥캣, 현대건설기계 등

환율과 주식 시장의 상관관계

환율과 주식 시장의 상관관계를 이야기하기 전에 환율에 대해 이해할 필요가 있다. 또한, 환율에 대해 이해하려면 국제 무역 질서와 기축 통화(국제간의 결제나 금융 거래의 기본이 되는 통화)의 역할을 이해해야 할 것이다. 환율이란 기축 통화를 중심으로 은행을 통해 외환 시장에서 오가는 돈의 가격을 말하며, 시장과 시장 참여자에게 영향을 미친다.

흔히 '환율이 하락했다, 환율이 상승했다'라고 할 때 기준점은 무엇인가? 예를 들어, 환율이 하락했다고 했을 때 과자를 달러라고 가정하면 과자를 한 봉지를 바꾸는 비율이 1:1,200에서 1:1,100으로 떨어진 것을 의미한다. 원화를 기준으로 보면 저렴하게 달러를 바꿀 수 있고, 달러를 기준으로 보면 원화가 비싼 것이며 원화의 평가가 절상되었다고 할 수 있다. 원화 강세다. 즉, 원-달러 환율 하락(달러 기준) = 원화 평가 절상(원화 기준) = 원화 강세(원화 기준)가 되는 것이다.

환율은 모든 시장 경제의 기초가 되고, 외국인의 국내 주식 투자에 중요한 지표가 된다. 그래서 주식 투자자라면 환율 변화에 민감해야 한다. 물론, 환율에는 양면성이 있다. 환율이 상승하면 외국인 투자자의 자금은 주식 시장에서 빠져나가지만 수출 기업에는 좋은 실적을 거둘 수 있는 기회가 된다. 반대로 환율이 하락하면 외국인 투자자의 자금이 주식 시장에 유입되지만 수출 기업은 실적에 부정적인 영향을 받게 된다. 그러므로 환율의 변동은 호재이니 악재이니 판단하기가 어렵다.

그러나 환율이 단기간에 급속도로 상승한다면 위험 신호다. 환율을 1,100원이라고 가정해 보자. 외국인들이 100만 달러를 환전해 11억 원의 돈으로 주식을 매수했는데 주가 변동이 없었다. 이후 외국인들이 주가 변동이 없는 상황에 매도하려고 하니 환율이 1,200원이 되었다. 이런 경우에는 환전하면 9억 1,600만 원이 되어 1억 8,000만 원의 손해를 보게 된다. 이렇듯 환율이 단기간에 상승하면 외국인들이 부담을 느낄 수밖에 없다. 외국인들이 돈을 벌려면 주가는 상승하고 환율은 하락하는 게 좋을 것이다. 즉, 환율이 내려가면 외국인들은 매수 타이밍으로 인식하고, 환율이 오르면 매도 타이밍으로 인식한다고 보면 된다.

국가의 달러 보유량이 많으면 환율은 자연스럽게 내려갈 것이고 그 반대라면 환율은 상승할 수밖에 없다. 국내 시장 상황이 좋아진다면 많은 외국인이 한국에 투자하려고 할 것이다. 달러를 원화로 환전하게 되며 시장에 달러 보유량이 많아지면서 환율은 하락하게 된다.

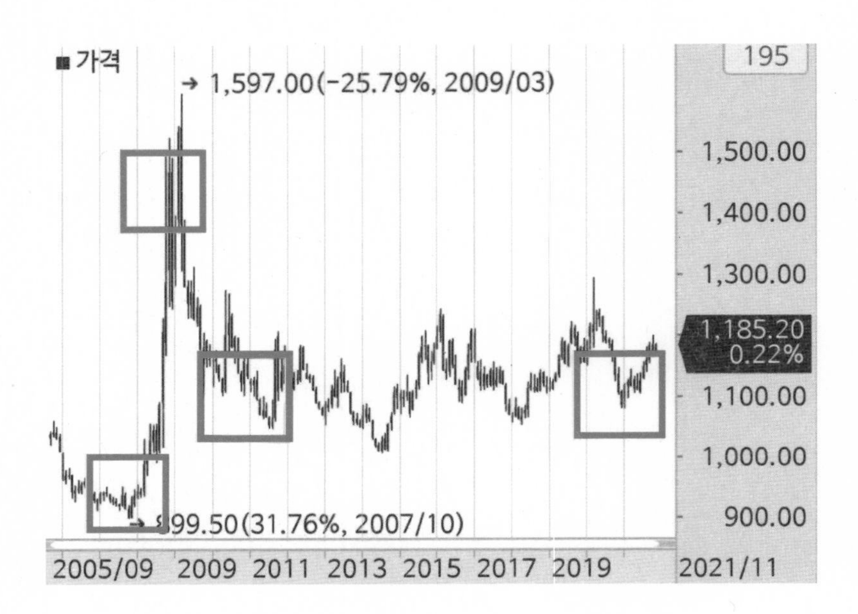

위는 환율 차트이고 아래는 코스피 지수 차트이다. 표시한 네 곳을 보자. 환율이 상승하면 주가 지수가 하락하고, 환율이 하락하면 주가 지수가 상승하는 모양을 보인다. 이렇듯 환율과 주가는 반비례한다.

환율이 상승하면 혜택 받는 업종은 수출 비중이 높은 반도체, 가전, 자동차, 철강, 석유 화학, 조선, 건설 등의 국내 대표 수출 기업이 된다. 반면, 환율이 하락했을 때 혜택 받는 업종은 해외에서 재료를 수입해 국내에 파는 업종이 된다.

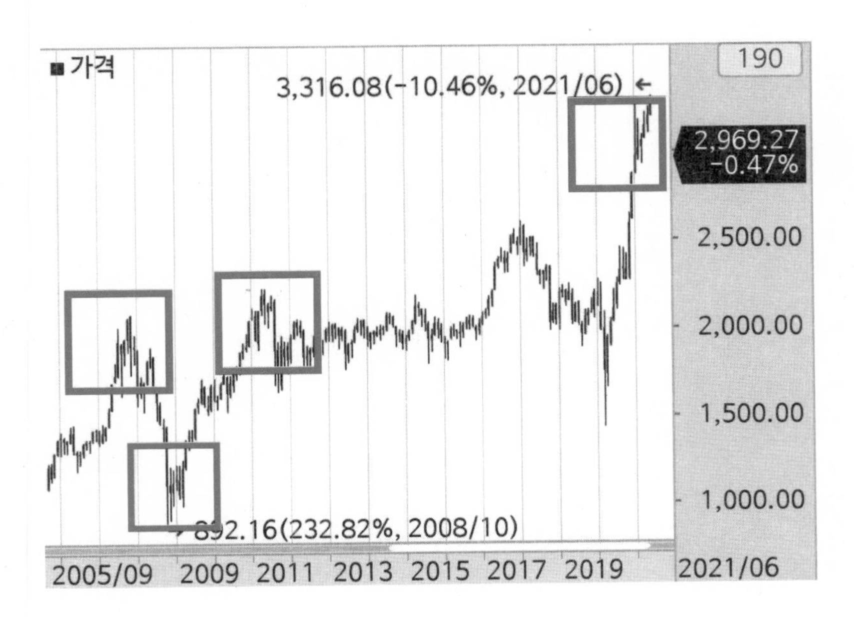
■ 가격
3,316.08(-10.46%, 2021/06)
2,969.27
-0.47%
2,500.00
2,000.00
1,500.00
1,000.00
892.16(232.82%, 2008/10)
190
2005/09
2009
2011
2013
2015
2017
2019
2021/06

업종		종목
환율 상승 시 수혜 업종	반도체	삼성전자, SK하이닉스, 리노공업, DB하이텍, SFA반도체, 테크윙, 텔레칩스, 원익IPS 등
	자동차	현대차, 기아, 현대위아, KR모터스, 에디슨EV, 만도 등
	의류	크리스에프앤씨, 한세실업, F&F, 코웰패션, 한섬, 영원무역, 신원, 신성통상, 휠라홀딩스, LF, 경방, 태평양물산 등
	조선	HMM, 한국조선해양, 대우조선해양, 삼성중공업 등
	정유	S-Oil, SK이노베이션, GS, 중앙에너비스, 흥구석유, 극동유화 등
	화학	효성화학, 롯데케미칼, 그린케미칼, 한화솔루션, KG케미칼, 케이디켐, 한일화학 등
환율 하락 시 수혜 업종	항공	대한항공, 아시아나항공, 진에어, 티웨이항공, 제주항공, 에어부산 등
	식품	오리온, 오뚜기, CJ제일제당, 삼양홀딩스, 대상, 농심, 대한제분, 동원F&B 등
	여행	아난티, 하나투어, 모두투어, 노랑풍선, 참좋은여행, 호텔신라, 글로벌텍스프리 등
	철강	POSCO, 현대제철, NI스틸, 경남스틸, 포스코강판, 동국제강, 한국주강, 동일철강 등

유가와 주식 시장의 상관관계

유가는 원유의 가격이라는 의미이다. 현대 경제에서 원유를 사용하지 않는 분야는 없다. 그러므로 원유의 가격은 시장에 존재하는 모든 곳에 영향을 끼치게 된다. 국제 유가는 세계 3대 원유(WTI유, 브렌트유, 두바이유)를 중심으로 달러로 거래되는 기름의 가격이며, 세계 유가 변동의 기준이 되는 원유는 WTI유(미국 서부 텍사스주와 오클라호마주 지역 일대에서 생산되는 원유)이다.

종목	가격	변동	등락률
WTI 21-10 2021/08/26 13:10:01	67.87 ▼	0.49	-0.72%
두바이 21-09 2021/08/25 현지일 종가	69.298 ▲	0.849	1.24%
브렌트유 21-10 2021/08/26 13:05:04	70.90 ▼	0.38	-0.53%

유가에 대해 알아보기 전에 IEA(국제에너지기구)와 OPEC(석유수출국기구)에 대해 알아보자. IEA는 산유국이 아닌 회원국 간에 원유가 모자랄 때 긴급 유통하거나, 원유 소비를 억제하고 대체 에너지 개발 촉진을 목적으로 하는 기구다. 원유에 관한 최고 결정 기관으로 석유의 긴급 유통, 석유 시장, 장기적 협력, 에너지 연구 개발의 4개 상설위원회 및 사무국으로 구성되어 있다. OPEC은 1960년 9월 석유 메이저에 대항해 이라크, 이란, 사우디아라비아, 쿠웨이트, 베네수엘라 5대 석유 생산 수출국 대표가 결성한 국제 협의체로 산유국의 수입을 극대화하기 위한 가격 카르텔 성격의 기구이다.

그렇다면 유가의 상승과 하락에 따른 주가는 변화는 어떠할까? 유가가 오르면 석유에 관련한 각종 비용(운송, 원자재 및 생산 원가 등)이 증가한다. 기업의 부담이 가중되며 공장 가동률이 낮아질 수밖에 없다. 자연스럽게 물가가 상승하고 경기는 침체될 것이다. 이에 투자 심리도 떨어져 주가도 하락한다. 반대로 유가가 하락하면 석유에 관련한 각종 비용도 하락하여 기업의 생산량은 증가하고 경기가 활성화되어 투자 심리가 올라가는 효과가 있다. 주가가 상승할 것이다.

그런데 유가가 하락한다고 무조건 주가가 상승하는 공식이 성립될까? 그렇지는 않다. 여러 가지 상황을 고려해서 판단해야 할 것이다.

만약 경기가 침체되면 유가는 하락할 것이다. 이 과정에서 각국의 정부는 산유국 감산 등의 부양책으로 유효 수요 증가를 유도하며 경기를 활성화시키고 유가를 상승시키려 하게 된다. 그러면 동시에 주가도 상승한다. 즉, 우선순위는 유가의 상승과 하락의 원인을 파악하는 것이다. 이는 글로벌 경기가 활성화하면 유가와 주가가 동반 상승하고, 글로벌 경기가 침체될 가능성이 높으면 유가와 주가가 동시에 하락한다는 뜻이다. 유가의 상승과 하락의 이유를 알아야 주식 시장에서 대응할 수 있다.

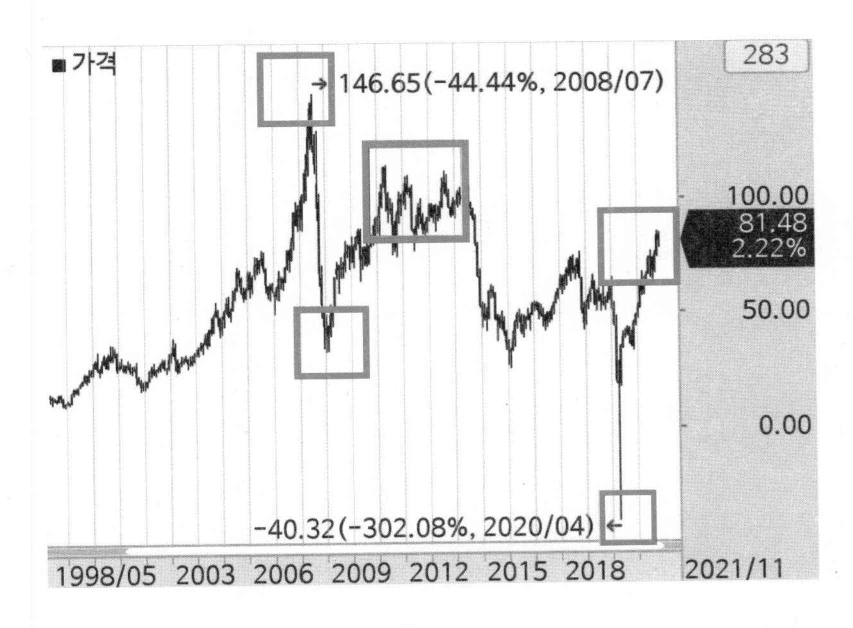

업종		종목
유가 상승 시 수혜 업종	건설	대우건설, 서희건설, 일성건설, 벽산, 시공테크, GS건설, DL이앤씨, 태영건설 등
	플랜트	삼성엔지니어링, 삼강엠엔티 등
	조선	HMM, 한국조선해양, 대우조선해양, 삼성중공업, 현대미포조선 등
	정유	S-Oil, SK이노베이션, GS, 중앙에너비스, 흥구석유, 극동유화 등

	에너지	대성에너지, 지에스이, 한국가스공사, 서울가스, SK가스 등
	ESG	LG화학, 삼성SDI, 한화솔루션, 두산중공업, LG이노텍, 삼성전기, 현대에너지솔루션 등
유가 하락 시 수혜 업종	항공	대한항공, 아시아나항공, 진에어, 티웨이항공, 제주항공, 에어부산 등
	해운	흥아해운, 대한해운, 태웅로직스, KSS해운, 세방 등
	철강	POSCO, 현대제철, NI스틸, 경남스틸, 포스코강판, 동국제강, 한국주강, 동일철강 등
	시멘트	삼표시멘트, 고려시멘트, 한일시멘트, 한일현대시멘트, 아세아시멘트, 쌍용C&E
	타이어	금호타이어, 넥센타이어, 동아타이어, 한국타이어앤테크놀로지 등
	발전	계양전기, 광명전기, 금호전기, 세명전기, 제룡전기, 이화전기 등

언급한 다양한 경제 요인과 주가와의 상관관계는 다음과 같이 정리할 수 있다.

경제 요인	원인	주가
환율	환율이 상승(원화 가치 하락)하면 수출 증가, 수입 감소는 유동성 증가를 만든다. 환율이 하락(원화 가치 상승)하면 외국인 투자금 유입이 된다.	상승
	환율이 상승(원화 가치 하락)하면 외국인 투자금 유출이 된다. 환율이 하락(원화 가치 상승)하면 수출 감소, 수입 증가는 유동성 감소를 만든다.	하락
경상 수지	기업의 실적이 좋아지면서 흑자가 되면 해외 자금이 유입	상승
	기업의 실적이 악화되면서 적자가 되면 해외 자금이 유출	하락
유가	유가가 하락하면 경상 수지 호전	상승
	유가가 상승하면 경상 수지 악화 유가가 급등 혹은 급락	하락

<table>
<tr><td rowspan="2">금리</td><td>금리를 낮추면 채권 수요 감소, 주식 수요 증가
금리 상승 추세, 채권 매도, 주식 매수</td><td>상승</td></tr>
<tr><td>금리를 높이면 채권 수요 증가, 주식 수요 감소
금리 하락 추세, 채권 매수, 주식 매도</td><td>하락</td></tr>
<tr><td rowspan="2">인플레이션</td><td>완만한 물가 상승, 기업판매이익 증가</td><td>상승</td></tr>
<tr><td>급격한 물가 상승, 제조비용 증가, 실질 구매력 감소, 기업수지 악화</td><td>하락</td></tr>
<tr><td>원자재 가격</td><td>원자재 가격 상승</td><td>하락</td></tr>
</table>

기업을 분석한다는 것은 기업의 재무 상황을 보고 투자하기에 적합한지를 판단하기 위함이다. 기업의 현재 상태를 진단한다는 점에서 건강검진의 개념을 볼 수 있다. 기업을 분석하면서 알아야 할 것은 기업이 가진 리스크, 보유 주식의 매도 목표가와 주식 보유 기간, 시장에서의 기업 가치이다. 기업의 재무제표를 통해 내재 가치와 현재 투자자들이 기대하는 섹터, 다른 섹터 대비 얼마의 기대감을 가질 수 있는지를 판단해야 한다.

PART 3

기업 분석 방법

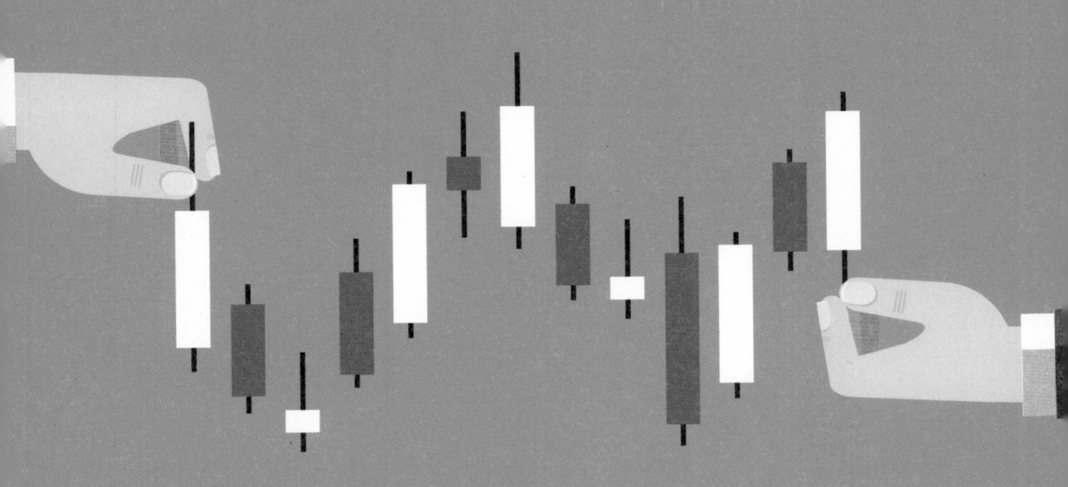

사업 보고서 어떻게 읽을까?

물건을 살 때 이것저것 꼼꼼하게 살펴보고 구매하듯 주식을 매수할 때도 우리는 여러 요소를 꼼꼼하게 확인해야 한다. 이에 가장 객관적인 시각으로 판단할 수 있는 자료는 기업의 사업 보고서이다. 모든 기업은 매 분기 금융감독위원회와 증권선물거래소에 해당 기간의 재무 상태와 경영 성과를 보고해야 한다. 이것을 결산 보고서라고 한다.

결산 보고서 제출은 사업 상황과 재무 상황, 경영 실적 등의 기업 내용을 일반 투자자에게 정기적으로 공개함으로써 합리적인 투자 판단 자료를 제공하고 증권 시장에서 공정한 가격을 형성하기 위함이며, 공정 거래 질서를 확립하고 투자자를 보호하기 위한 제도이기도 하다. 기업은 매 사업 연도 말 90일 이내에 사업 보고서를, 반기 말과 분기 말 45일 이내에 반기 보고서(사업 연도 개시일로부터 6개월간 보고서) 또는 분기 보고서(사업 연도 개시일로부터 3개월간 및 9개월간 보고서)를 금융위원회와 한국거래소에 반드시 제출해야 한다.

사업 보고서에는 회사의 목적, 상호, 사업 내용, 임원 보수, 이사회 등 회사의 기관 및 계열사 현황, 주주에 관한 사항, 임직원에 관한 사항, 이해관계자와의 거래 내용, 재무에 관한 사항 및 그 부속 명세, 감사인의 감사 의견 등을 기재한다. 분기·반기 보고서의 기재 사항은 사업 보고서의 기재 사항을 준용하되, 재무 사항 중 부속 명세와 공인회계사의 감사 의견은 생략할 수 있다. 그러나 감사인의 확인 및 검토 의견을 받아 기재해야 한다. 다트 전자공시시스템(https://dart.fss.or.kr/) 사이트에서 기업의 여러 가지 공시들을 확인할 수 있다.

이러한 결산 보고서 중 가장 중요한 것은 사업 보고서이다. 1년간의 경영 실적과 경영 현황, 사업 연도 말의 재무 상태가 기재되어 있기 때문이다. 보고서에 기재되는 사항을 꼼꼼히 살펴보자.

분기	분기 해당 월	보고서 종류	발표 마감일
1분기	1~3월	1/4분기 보고서	5월 15일
2분기	4~6월	반기 보고서	8월 15일
3분기	7~9월	3/4분기 보고서	11월 15일
4분기	10~12월	사업 보고서	3월 30일

회사의 개요

큰 그림으로 회사 정보를 볼 수 있는 곳이다. 연결 대상 종속 회사 개황, 회사의 법적·상업적 명칭, 설립 일자, 본사의 주소, 전화, 홈페이지, 주요 사업의 내용, 계열사 등의 내용이 포함되어 있다.

자본금 변동 사항

자본금의 변동은 매우 중요하다. 보고서에 자본금 변동이 있다면 그 이유를 찾자. 특히 자본금이 늘어났다면 전환 사채와 신주 인수권부 사채의 내용을 확인해 증자(增資)의 형태인지를 살펴야 한다. 주식수가 많아져서 주가에 부담이 될 수 있기 때문이다. 전환 사채가 이루어져 있다면 전환가액과 전환할 수 있는 기간, 비율 등이 명시되어 있으므로 그 내용을 확인해야 한다.

자본금이 줄었다면 감자(減資)를 한 것이다. 감자는 결손을 보전하거나 과대 자본을 시정하기 위해 자본의 총액을 줄이는 것으로, 기업의 누적 결손으로 자본금이 잠식되었을 경우 이 잠식분을 반영하기 위해 이루어진다. 감자는 자본 잠식을 탈출하기 위한 가장 쉬운 수단으로 주식수를 줄여 회계상 손실을 없애고 재무 건전성을 높이기 위해 시행된다. 자본 잠식률이 50% 이상이면 관리 종목으로 지정되거나 최악의 상황에는 상장 폐지까지 이를 수 있기 때문에 감자가 이루어졌다면 그 이유를 확인해야 한다.

주식의 총수

주식의 총수에서는 현재까지 발행한 주식수와 유통 주식수, 주식이 감소했다면 어떠한 이유로 주식이 감소했는지의 이유를 알 수 있다. 예를 들어, 주식이 감소했을 때 자사주를 매입해 소각했는지 또는 주주의 주식을 없앴는지 등의 내용이 기재된다. 그리고 자사주 취득 여부와 방법도 알 수 있다.

특히 주식의 총수와 유통 주식수는 구분할 필요가 있다. 상장 주식수는 코스피와 코스닥 시장에 상장할 때 등록한 주식수를 말한다. 유통 주식수는 대주주 등의 지분을 제외한 거래 가능 주식수이다. 최대 주주나 5% 이상의 지분을 가진 주주가 매도하면 변동할 수 있다. 이 경우 유통이 많지 않은 주식임에도 불구하고 세력이 대량 매입하면 쉽게 주가가 변동할 수 있으니 필수로 확인해야 한다.

기업의 재무 상황을 나타내는 각종 지표는 상장 주식수(발행 주식수)를 기본으로 하지만, 이를 기준으로 해석하다 보면 기업 가치를 확대하여 해석할 수 있으니 반드시 유통 주식수의 개념을 이해하고 기업 가치 분석에 활용할 수 있어야 한다.

사업의 내용

보고서의 핵심이라고 할 수 있다. 사업의 내용은 기업이 속한 산업에 대한 분석부터 해당 기업이 차별적인 경쟁 우위를 가졌는지와 제품 가격의 변동, 매출 구성비 등의 내용을 확인할 수 있다. 가장 중요한 부분은 사업 개요와 주요 제품(제품별 비중, 매출액, 시장 점유율 등), 서비스 등이다. 제품별 매출액이나 시장 점유율이 증가하는지 감소하는지를 확인할 필요가 있다.

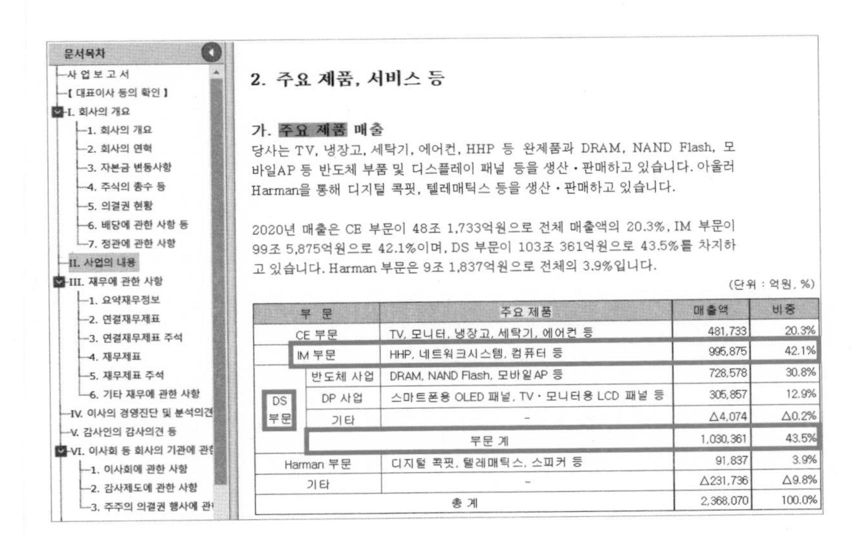

문서목차

2. 주요 제품, 서비스 등

가. 주요 제품 매출

당사는 TV, 냉장고, 세탁기, 에어컨, HHP 등 완제품과 DRAM, NAND Flash, 모바일AP 등 반도체 부품 및 디스플레이 패널 등을 생산·판매하고 있습니다. 아울러 Harman을 통해 디지털 콕핏, 텔레매틱스 등을 생산·판매하고 있습니다.

2020년 매출은 CE 부문이 48조 1,733억원으로 전체 매출액의 20.3%, IM 부문이 99조 5,875억원으로 42.1%이며, DS 부문이 103조 361억원으로 43.5%를 차지하고 있습니다. Harman 부문은 9조 1,837억원으로 전체의 3.9%입니다.

(단위 : 억원, %)

부 문		주요 제품	매출액	비중
CE 부문		TV, 모니터, 냉장고, 세탁기, 에어컨 등	481,733	20.3%
IM 부문		HHP, 네트워크시스템, 컴퓨터 등	995,875	42.1%
DS 부문	반도체 사업	DRAM, NAND Flash, 모바일AP 등	728,578	30.8%
	DP 사업	스마트폰용 OLED 패널, TV·모니터용 LCD 패널 등	305,857	12.9%
	기타	-	Δ4,074	Δ0.2%
	부문 계		1,030,361	43.5%
Harman 부문		디지털 콕핏, 텔레매틱스, 스피커 등	91,837	3.9%
기타		-	Δ231,736	Δ9.8%
총 계			2,368,070	100.0%

기간별로 기업의 실적을 보려면 요약재무정보에 들어가서 매출액과 영업 이익이 꾸준히 성장하는지를 확인하면 된다.

III. 재무에 관한 사항
1. 요약재무정보
2. 연결재무제표
3. 연결재무제표 주석
4. 재무제표

	2020년 1월~12월	2019년 1월~12월	2018년 1월~12월
매출액	236,806,988	230,400,881	243,771,415
영업이익	35,993,876	27,768,509	58,886,669
연결총당기순이익	26,407,832	21,738,865	44,344,857

배당에 관한 사항

기업이 1년 동안 사업하면서 벌어들인 당기 순이익에서 주주에게 얼마를 지급하는지, 주가 대비 배당금은 얼마인지 등을 알 수 있다.

[주요 배당지표]　　(단위 : 원, 백만원, %, 주)

구 분	주식의 종류	당기	전기	전전기
		제53기 반기	제52기	제51기
주당액면가액(원)		100	100	100
(연결)당기순이익(백만원)		16,543,462	26,090,846	21,505,054
(별도)당기순이익(백만원)		13,676,794	15,615,018	15,353,323
(연결)주당순이익(원)		2,435	3,841	3,166
현금배당금총액(백만원)		4,904,308	20,338,075	9,619,243
주식배당금총액(백만원)		-	-	-
(연결)현금배당성향(%)		29.6	78.0	44.7
현금배당수익률(%)	보통주	0.9	4.0	2.6
	우선주	1.0	4.2	3.1
주식배당수익률(%)	보통주	-	-	-
	우선주	-	-	-
주당 현금배당금(원)	보통주	722	2,994	1,416
	우선주	722	2,995	1,417
주당 주식배당(주)	보통주	-	-	-
	우선주	-	-	-

주당 순이익은 당기 순이익을 유통 주식수로 나눈 값이다. 현금 배당 성향은 1년간 이익금에서 29.6%를 지급한다는 의미다. 또한 주당 현금 배당금은 주당 순이익에 배당 성향을 곱하여 지급하는 것이

다. 전체 주당 순이익 2,435원 중에서 722원을 배당하고 나머지는 사내 유보금으로 남겨 재투자한 것을 알 수 있다.

주주에 관한 사항

최대 주주 및 특수 관계인의 주식 소유 현황이다. 대주주가 지분을 많이 소유하고 있을수록 안정적인 경영권 방어 등 회사에 긍정적인 요소라 할 수 있다.

계열회사 등에 관한 사항

기업이 속한 계열사를 보여준다. 기업에 직접적 영향을 줄 수 있는 지배, 종속, 관계사를 알아보는 것이다. 계열사 중에 상장사가 있다면 주가 상승은 모회사에도 영향을 끼친다.

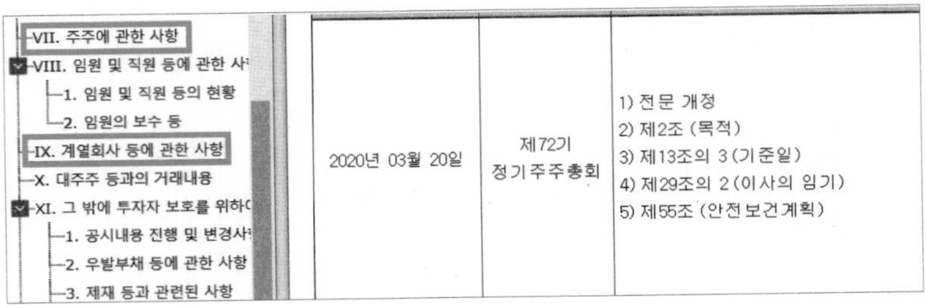

- VII. 주주에 관한 사항
- VIII. 임원 및 직원 등에 관한 사
  - 1. 임원 및 직원 등의 현황
  - 2. 임원의 보수 등
- IX. 계열회사 등에 관한 사항
- X. 대주주 등과의 거래내용
- XI. 그 밖에 투자자 보호를 위하여
  - 1. 공시내용 진행 및 변경사
  - 2. 우발부채 등에 관한 사항
  - 3. 제재 등과 관련된 사항

2020년 03월 20일	제72기 정기주주총회	1) 전문 개정 2) 제2조 (목적) 3) 제13조의 3 (기준일) 4) 제29조의 2 (이사의 임기) 5) 제55조 (안전보건계획)

재무제표 어떻게 읽을까?

재무제표는 기업의 상태를 알아보기 위한 건강 진단서이자 가계부로 보면 된다. 재무제표에서 가장 집중적으로 다룰 부분은 재무상태표, 손익계산서, 현금흐름표이다. 재무상태표는 기업의 재정 상태를 보기 위한 서류이다. 기업이 사업 자금을 어떻게 모으고, 어떤 형태로 운영하는지를 보여주며, 자산, 부채, 자본의 세 가지 항목으로 구성되어 있다. 자산은 차변, 부채와 자본은 대변에 위치하고, 자산은 부채와 자본의 합계와 그 크기가 일치해야 한다. 재무제표는 아래와 같이 구성되어 있다. 각 항목을 살펴보자.

재무제표	재무상태표	자산, 부채, 자본 항목 금액 정보 제공
	포괄손익계산서	경영 성과(수익, 비용) 정보 제공
	자본변동표	자본 구성 항목별 변동 정보 제공
	현금흐름표	현금 흐름(유입, 유출) 정보 제공
	주석	재무제표 이해에 필요한 보충 정보

첫째, 재무상태표이다. 재무상태표는 자산, 부채, 자본으로 구성되어 있다.

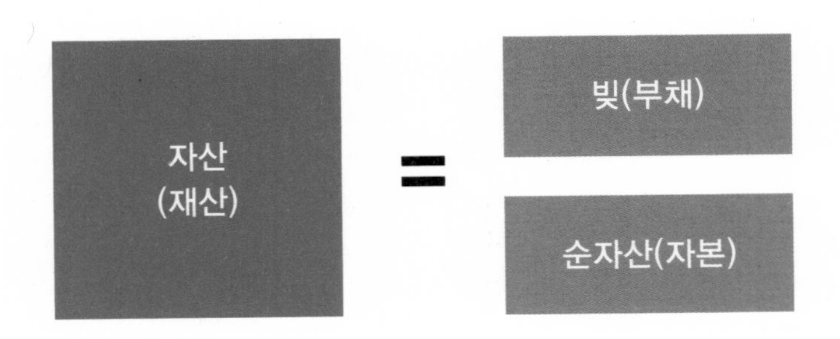

자산이란 기업이 소유한 유무형의 가치가 있는 물건을 의미한다. 자산은 부채와 자본의 합계이므로 부채도 자산에 포함되며, 자산은 유동자산과 비유동자산으로 나눌 수 있다. 유동자산은 1년 이내에 현금화할 수 있는 자산이다. 비유동자산은 1년 이후에 현금화가 가능한 자산으로 장기 투자 자산, 토지 및 건물과 같은 유형 자산, 기업이 소유한 무형 자산 등을 의미한다. 또한, 부채란 기업이 출자자 외 제삼자에게 빌린 자금을 말하며 타인 자본이라고도 한다. 부채도 유동부채와 고정부채로 분류할 수 있는데, 유동부채는 1년 이내에 상환해야 할 외상 매입금, 단기 차입금, 만기 1년 미만으로 남은 장기 부채 등을 의미한다.

자본은 기업이 소유하고 있는 총자산에서 총부채를 제외한 값이다. 부채를 제외한 값이므로 순자산 혹은 자기 자본이라고도 한다. 기업의 자산을 알고 싶다면, 네이버 증권에 접속해 종목명을 검색하자.

그리고 기업의 재무 분석에 들어가 아래와 같은 표를 확인한다. 여기에서 시간의 흐름에 따른 자산과 부채의 움직임을 보면 된다.

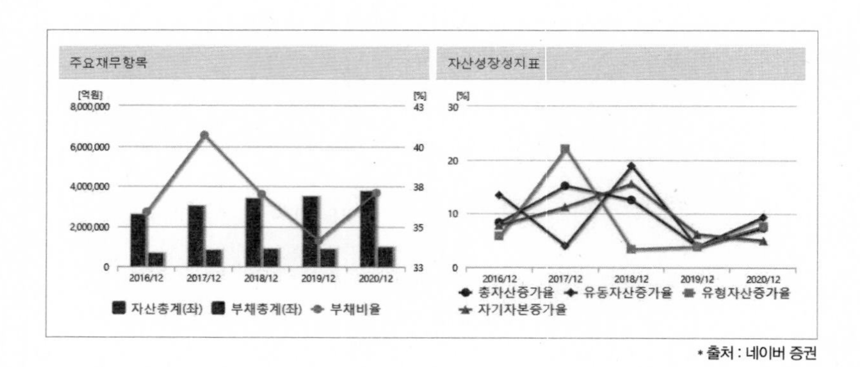

*출처 : 네이버 증권

둘째, 포괄손익계산서이다. 포괄손익계산서는 일정 기간 기업의 성과를 포괄적으로 한눈에 나타내기 위해 작성하는 재무제표이다. 재무상태표가 자산의 변동을 말하는 것이라면 포괄손익계산서는 기업의 경영 실적을 나타내는 것이다. 수익과 지출을 기입한 가계부라고 할 수 있다. 일정한 기간에 기업이 경영 활동을 얼마나 잘했는지를 파악할 수 있으며, 매출 총이익, 영업 이익, 세전 순이익, 당기 순이익이 표시된다. 여기서 중점적으로 볼 것은 당기 순이익이다.

셋째, 현금흐름표이다. 현금흐름표는 일정 기간 현금 및 예금 등 돈의 흐름을 나타내는 재무제표로, 영업 활동, 투자 활동, 재무 활동 세 부분으로 구성된다. 이 중 영업 활동은 생산과 판매 활동을 통해 어느 정도의 자본을 창출했는지를 나타낸다. 수치가 플러스로 되어

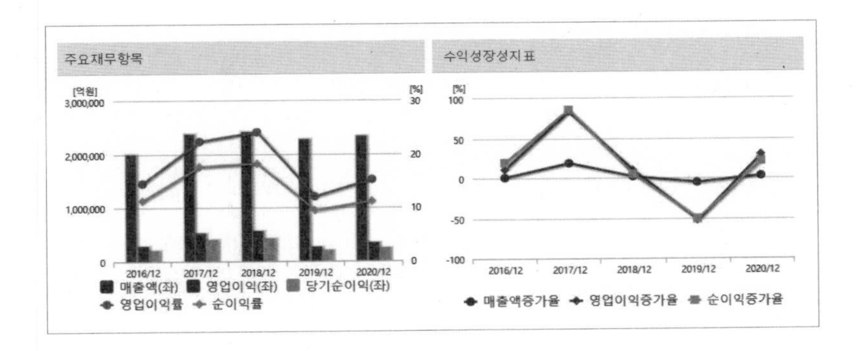

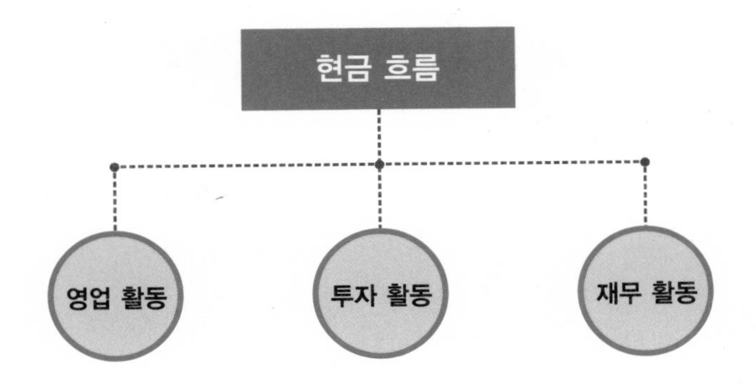

있으면 이익이 나는 상황이고, 마이너스로 표기되어 있으면 손실이 발생한 상황이다. 투자 활동은 회사가 보유하고 있던 자산의 이동과 관련한 사항이다. 건물이나 생산 설비 취득 또는 처분 등을 알 수 있다. 수치가 플러스로 되어 있으면 기업이 자산을 현재 처분하고 있는 상황이고, 마이너스로 표기되어 있으면 특정한 자산을 취득하거나 생산 설비를 확대하고 있는 상황이다. 재무 활동은 회사의 자본조달 상황을 나타내는 지표이다. 플러스로 작성되어 있다면 외부에서 자본을 조달하고 있다는 의미이고, 마이너스로 작성되어 있다면 기존 채무를 상환하거나 주주 배당금이 지급된 상황을 나타낸다.

항목	2016/12 (IFRS연결)	2017/12 (IFRS연결)	2018/12 (IFRS연결)	2019/12 (IFRS연결)	2020/12 (IFRS연결)	전년대비 (YoY)
영업 활동으로 인한 현금 흐름	473,856.4	621,620.4	670,318.6	453,829.2	652,870.1	43.9
투자 활동으로 인한 현금 흐름	-296,586.8	-493,852.2	-522,404.5	-399,481.7	-536,285.9	-34.3
재무 활동으로 인한 현금 흐름	-86,695.1	-125,608.7	-150,902.2	-94,845.1	-83,278.4	12.2

기업을 분석하기 위해서는 주요 재무 비율도 살펴야 한다. 재무 비율은 수익성, 활동성, 안정성, 수익 성장성으로 나뉜다. 상세히 살펴보자. 첫째, 수익성은 기업이 얼마나 이익을 창출하는지 경영 성과를 파악할 수 있는 지표이다. 수익성이 높은 기업일수록 기업의 이익 창출 능력과 경영 성과가 우수하다고 볼 수 있다.

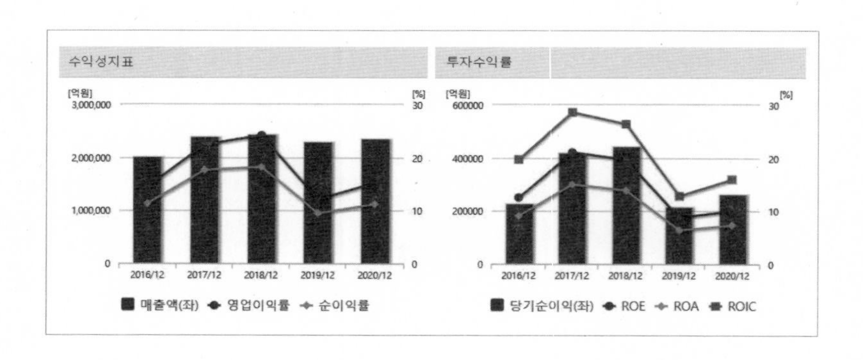

둘째, 활동성은 기업의 자산이 수익 창출 활동에 얼마나 잘 활용되고 있는지를 나타내는 지표이다. 활동성이 높을수록 기업이 자본을 효율적으로 회전시켜 수익을 증대하고 있다고 볼 수 있다.

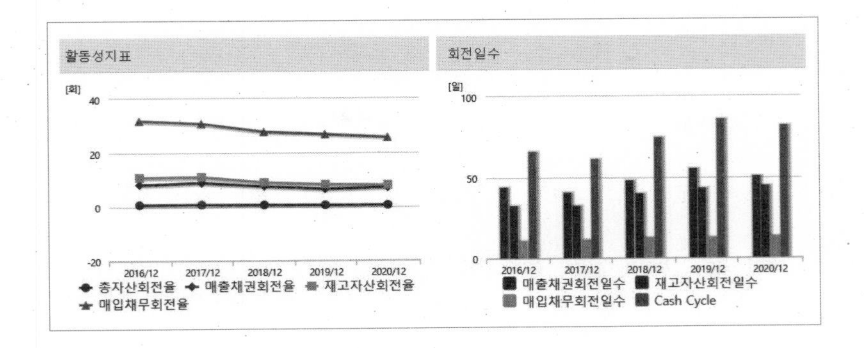

셋째, 안정성은 기업의 지급 능력과 부채 상환 능력을 통해 재무 건전성을 알 수 있는 지표이다. 안정성이 높은 기업일수록 재무 건전성이 높고 자금 조달이 원활하다고 볼 수 있다.

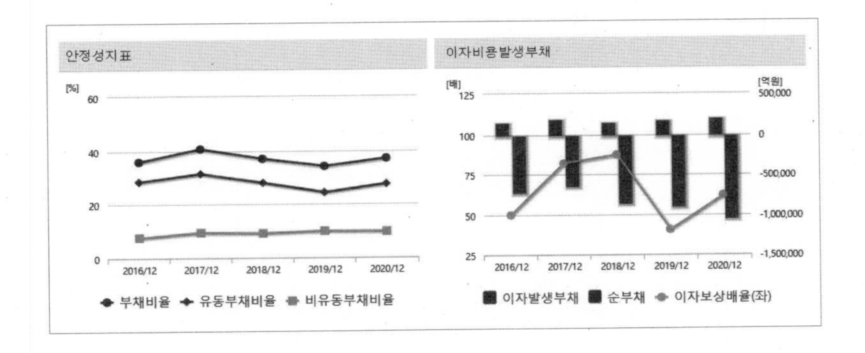

넷째, 수익 성장성은 기업의 규모나 경영 성과의 성장 추세를 파악할 수 있는 지표이다. 수익 성장성이 높을수록 미래의 수익 창출 능력과 경쟁력이 높다고 할 수 있다.

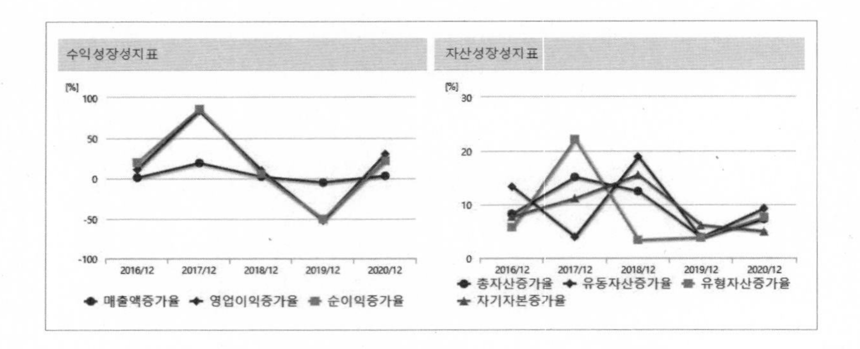

물론, 기업의 재무제표가 좋다고 주가가 무조건 상승하는 것도 아니고 재무제표가 나쁘다고 주가가 무조건 하락하는 건 아니다. 재무제표를 통해 확인할 수 있는 건 기업의 내재 가치이다. 그러므로 시장의 분위기와 시장의 재료를 함께 확인하자. 기본적 분석뿐 아니라 기술적 분석도 동시에 고려해서 매매에 임해야 할 것이다.

아래는 기업 분석을 할 때 체크해야 할 리스트이다. 주요 재무 항목을 보고 성과 등 기타 기업 분석 시 조건을 충족하는지 체크하자. 성과 부분에서 주요 재무 항목 기준의 충족도에 따라 ○, △, ×를 표시하여 한눈에 기업의 상태를 분석할 수 있어야 한다.

구분	주요 재무 항목		성과	기타
재무제표	손익계산서	매출액		
		영업 이익		
		당기 순이익		
	재무상태표	자산		
		자본		
		부채		
	현금흐름표	영업 활동 흐름		
		투자 활동 흐름		
		재무 활동 흐름		
재무 비율	수익성	영업 이익률		
		총자본 이익율(ROI)		
		자기 자본 이익률(ROE)		
	활동성	총자산 회전율		
		고정 자산 회전율		
		재고 자산 회전율		
	안정성	유동 비율		
		부채 비율		
	수익 성장성	매출 증가율		
		영업 이익 증가율		
		손이익 증가율		

시장에는 많은 매매 기법이 존재하고 활용되고 있다. 그리고 중요한 것은 시장의 분위기를 읽고 그에 맞는 매매를 하되, 100% 시장에 맞는 매매 기법은 존재하지 않으므로 자신만의 매매 기준을 확립해야 하는 것이다. 매매 기법은 기술적 분석을 토대로 평가하지만 기본적 분석과 연동해야 하며, 매매 기법에 대한 충분한 이해가 있어야 한다. 많은 시간을 들여 연습해 확률을 높이는 매매로 나아가야 한다.

PART 4

매매 기법 소개

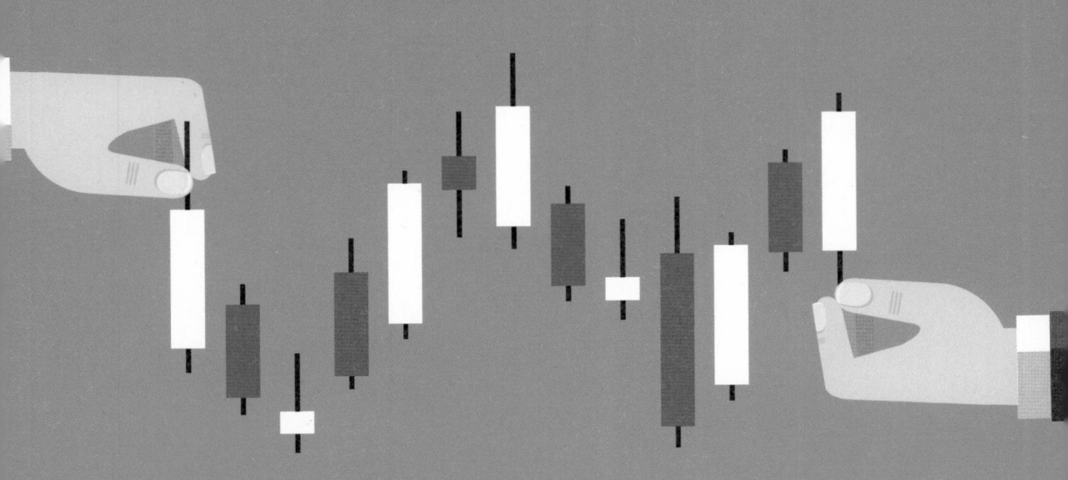

단기 과열 종목의 단일가 매매 어떻게 할까?

단일가 매매에 들어간다는 것은 해당 종목이 시장에서 주도한 종목이라는 의미이다. 또한 시장에서 주도한 종목이라는 것은 수급(거래량)이 들어와 주가가 상승하는 종목이라고 볼 수 있다. 그리고 우리는 단기 과열 종목에 관심을 두고 추적 관찰해야 한다.

단기 과열 종목으로 지정되면 30분 단위 단일가 매매에 있어서 투자자의 주문을 즉시 체결시키지 않고, 일정 시간 주문을 모아 가장 많은 거래가 이루어질 수 있는 균형 가격으로 일시에 체결시킨다. 현재 시가와 종가 등을 결정하는 경우에 적용된다.

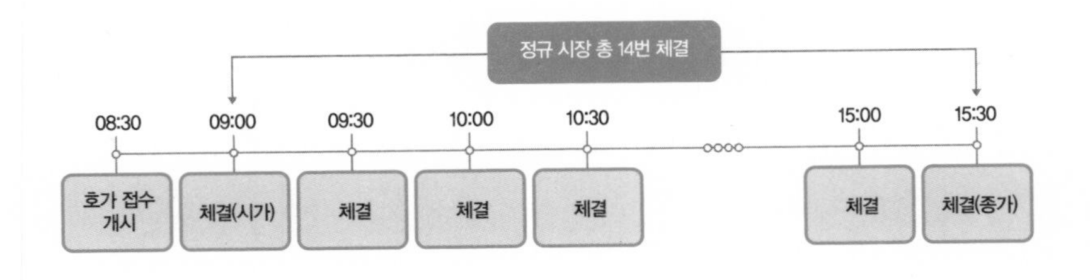

아래는 키움증권 기준으로 단기 과열 종목을 조건으로 검색한 예

시이다. HTS(home trading system)을 통해 조건 검색식 저장이 가능하며, 저장된 후에는 MTS(mobile trading system)에서도 확인할 수 있다(코드 번호 [0150]을 통해서도 가능하다). 조건식에 특이 종목을 클릭하고 오른쪽에 단기과열을 클릭 후 추가를 누르면 된다. 이 외에 HTS와 MTS 종합 뉴스에서 단기 과열을 검색하면 어떤 종목이 단기 과열 종목으로 지정되었는지 확인할 수 있다.

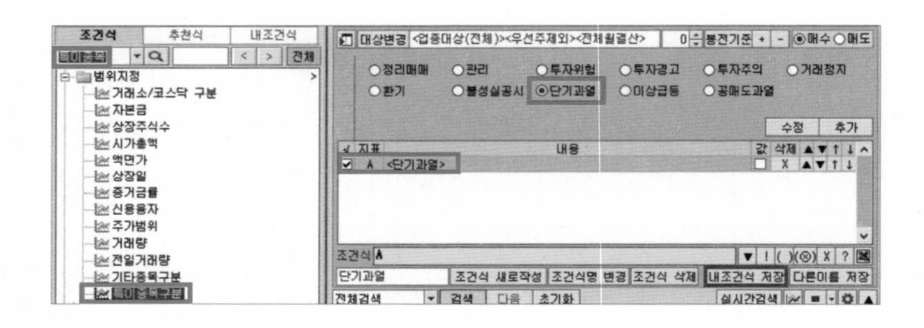

단기 과열 종목을 매매할 때는 다음 내용을 참고하자. 첫째, 종목의 주가가 시장에서 왜 주목을 받았는지를 알아본다. 둘째, 향후 시장에서 장기적으로 주목받을 수 있는 종목인지 확인한다. 셋째, 거래량이 큰 폭으로 이루어진 날의 거래량과 거래 대금을 확인한다. 넷째, 차트를 길게 보면서 매집이 탄탄한지 확인한다. 다섯째, 기업의 실적을 확인한다.

단기 과열 종목으로 지정되면 주가의 흐름은 시장의 상황에 따라 달라진다. 그러나 일반적으로 단일가에 들어서면 1거래일일 경우에 하락하는 게 일반적이다(통계적으로 하락하는 경우가 많다). 하락의 이유를 단적으로 말하기는 어렵지만 단기적인 시세 차익을 바라고 들어온 단기 매매자들의 물량이 나옴으로써 일시적으로 주가가 하락하는 것이다.

그렇다면 단기 과열 종목의 매매는 어떻게 할까? 첫째, 1거래일 주가가 상승할 경우에 시초가부터 상승한다면 관망한다(상승할 경우 5~10% 상승). 그리고 2거래일에 시초가 대비 5% 이상 하락한다면 비중의 30%를 1차 매수한다(1거래일에 주가가 3% 미만으로 상승할 경우에 적용한다. 그러나 1거래일에 5% 이상 상승하고 다음 날 5% 이상 하락한다면 우선 관망한다). 재료와 거래 대금을 확인하고 관련 종목 주가를 확인한 후 목표를 정하는 것이다.

둘째, 1거래일 주가가 하락할 경우에 전날 종가 대비 2% 이상 하락하면 비중의 30%를 1차 매수한다. 그리고 1차 매수가에서 5% 이상 하락하면 비중의 30%를 2차 매수한다. 2차 매수가에서 5% 이상 하락하면 비중의 40%를 3차 매수한다.

그렇다면 매도 타점은 어떻게 잡을까? 수익의 3% 이상부터 분할로 대응하면 좋다. 종목에 대한 악재가 없거나 추세가 깨지지 않으면 홀딩이 원칙이다. 주식에서 욕심을 내는 것은 당연하다. 그러나 30~50%의 수익이 난다면 수익을 실현하자. 그리고 나머지 물량은 추세를 보며 대응한다. 손절 라인은 매수하기 전 목표가부터 손절가까지를 정해서 잡는 것이 바람직하다. 자신만의 기준을 어떻게 잡느

냐가 앞으로 주식 매매의 기준이 될 것이다. 해당 종목에 악재가 있는지, 어떤 뉴스가 있는지를 확인해 기준선을 잡자.

상한가 이후 나오는 음봉을 주목하자

상한가가 나온 다음 날의 캔들을 주목하자. 정확히 주목해야 할 것은 음봉이다. 매수 타점을 잡기 위함이다. 양봉이 나오든 음봉이 나오든 자신만의 기준으로 매매하면 좋지만, 확률을 높이고 싶다면 음봉을 보는 게 좋다.

음봉은 장대음봉이 아닌, 상한가 종가 기준 −5% 이하 가격이 좋다. 상한가가 나온다는 것은 시장에 강한 종목이라는 말이다. 개인 투자자가 만드는 게 아니라 돈을 가진 주체가 만드는 것이기 때문이다. 상한가 이후 주가는 상방일 수도 있고 하방일 수도 있다. 그러므로 상한가가 나온다면 무조건 매수가 아니라 자신만의 기준으로 대응하자.

상한가가 나왔을 경우 구체적으로 어떻게 해야 할까? 첫째, 종목을 추적한다. 상한가 캔들의 시초가가 이동 평균선의 120일선 위에 있으면 신뢰성이 높다. 둘째, 상한가 다음 날의 음봉 캔들을 찾아 저가를 체크하여 손절 라인을 잡는다. 음봉 캔들은 상한가 종가 기준 -5% 이하 가격이 좋다. 셋째, 음봉이 나온 다음 날의 시초가가 음봉이 나온 날 종가보다 높으면 매수한다.

아래의 차트를 보면 상한가가 나온 후 음봉이 나왔다. 그러나 음봉이 나온 다음 날의 시초가가 상한가 다음 날 나온 음봉의 종가보다 낮기 때문에 매매가 되지 않았다. 매매 조건이 성립되려면 상한가 다음 날의 종가보다 그다음 날의 시초가가 높아야 한다. 물론, 이런 조건에 부합하지 않는다고 주가가 하락하는 것은 아니며 시장에서의 주도주, 기업의 실적, 수급 등 고려해야 할 부분은 많다. 그러나 확률을 높이기 위해서는 위의 사항을 확인해야 한다.

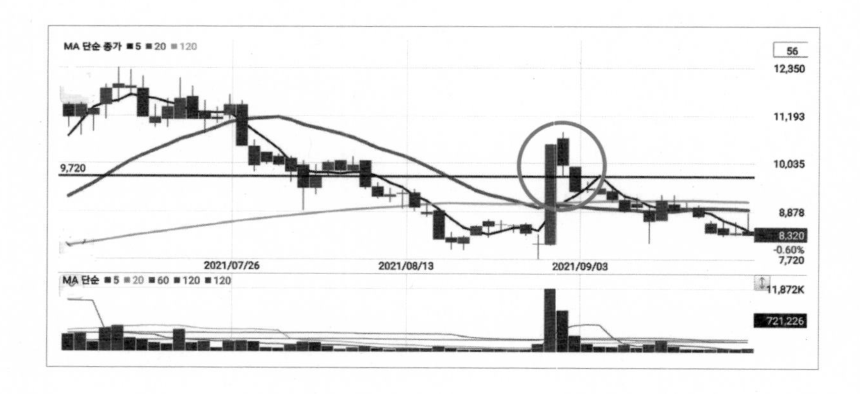

아래의 차트는 상한가가 나오고 그다음 날이 음봉이었다. 음봉이 나온 다음 날의 시초가는 음봉이 나온 날의 종가보다 높게 시작했다. 시초가에 매수할 수 있는 조건이다. 단순하게 어제의 종가보다 오늘의 시초가가 높게 형성되면 손절가를 잡고 시초가에 진입해 추세가 깨지지 않는 선까지 매매하는 전술은 나쁘지 않다. 매도의 시기는 욕심의 크기라고 할 수 있는데, 3일선이나 5일선의 이동 평균선을 기준으로 대응해도 좋을 것이다. 더 욕심을 내더라도 내 매수가를 위협하면 일단은 평단가 근처에서 추세를 보며 추적하자. 매매의 기회가 여러 번 있을 것이다. 거래량은 감소하고 일정한 가격을 유지하는 가운데 역망치 캔들이 나온다면 다시 한 번 매수의 관점으로 봐도 좋다.

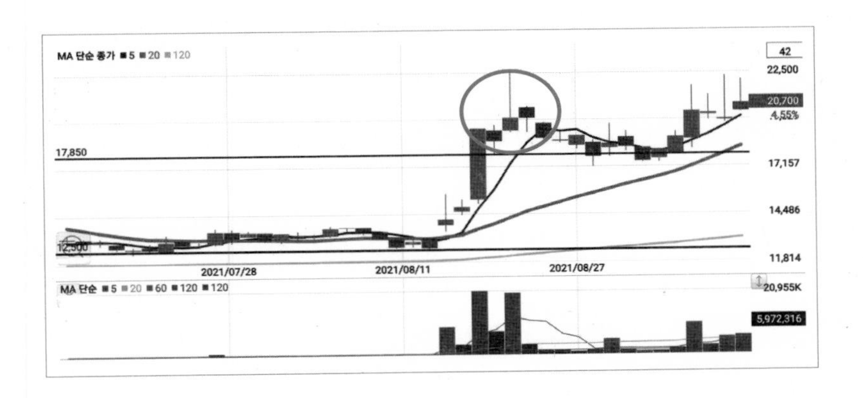

역사적 신고가 매매 어떻게 할까?

52주 신고가, 역사적 신고가 매매는 매우 강력한 매매가 될 수 있다. 역사적 신고가라는 것은 앞의 악성 매물을 소화한다. 차익 매물만 존재하고, 본전 매도세가 없는 것이다. 역사적 신고가가 되기 위해서는 사상 최대 실적이 뒷받침되어야 한다. 시장의 트렌드에 맞는 신사업, 신소재로 성장하는 기업이 강력한 신고가를 만들 수 있는 원동력이 된다.

신고가 돌파 매매의 핵심은 손절은 짧게, 수익은 길게 가져가는 것이다. 신고가 영역은 위에 매물대가 없다. 그러나 고가이므로 언제 하락해도 이상하지 않다. 이런 이유로 손절 라인을 잡고 추세가 깨지지 않으면 홀딩해 안전한 매매로 이어가야 한다.

일반적으로 주가는 한 곳으로 방향을 잡으면 그 방향으로 가고자 하는 관성이 존재한다. 방향성을 추세라고 부르는데 주가가 하락하면 하락 추세라고 하고, 주가가 상승하면 상승 추세라고 한다. 그렇다면 주식에서 추세는 왜 중요할까?

만약 주가가 하락하는 구간에서 '주가가 많이 떨어졌으니 지금 사면 분명히 상승할 거야.'라는 마음으로 주식을 매수하면 확률적으로 어떠할까? 수익보다는 손실을 볼 확률이 높다. 반대로 상승하는 구간에서 '달리는 말에 올라타야지. 더 상승할 거야.'라는 마음으로 주식으로 매수한다면 손실보다 수익을 볼 확률이 커진다. 바로 추세, 힘의 방향성 때문이다.

상승 추세에 있는 주식은 더 상승하려 해 매수세가 강하지만, 하락 추세에 있는 주식은 더 하락해 매도세가 강하다. 주식에서 이러한 추세를 만드는 힘은 무엇인가? 일반적으로 외부 요인(이슈, 재료, 뉴스 등)과 내부 요인(기업의 호재 유무) 때문일 것이다. 그러나 차트로 해석하자면 추세의 방향은 바로 거래량이 결정한다.

거래량은 돈이고, 그것이 바로 거래 대금이다. 횡보하던 주가 혹은 작은 상승을 큰 상승으로 바꾸기 위해서는 이전과는 다른 거래량과 거래 대금(수급)이 필요하다. 아래 동그라미 부분이 역사적인 신고가

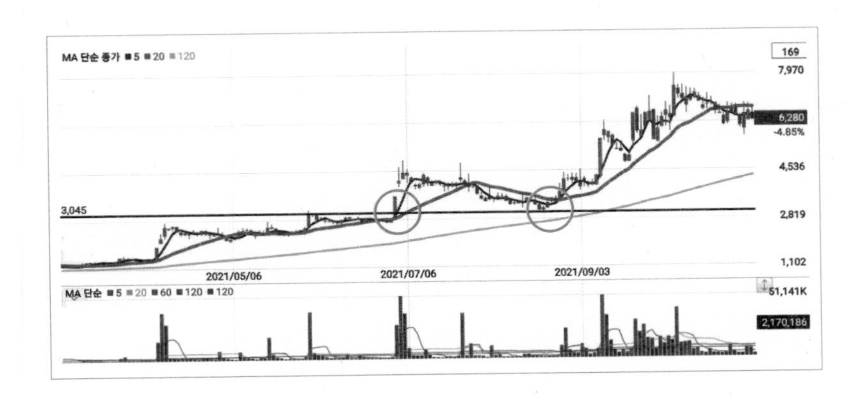

를 갱신하는 지점이다. 역사적인 신고가를 돌파할 때는 대량의 거래량이 이루어지는 모습이 보이고, 재차 주가가 상승할 때는 더 많은 거래량을 동반해 상승하는 모습을 보인다.

그러나 신고가 매매를 할 때도 주의할 점이 있다. 바로 신고가를 돌파하는 것처럼 보이다가 아래와 같이 쌍봉 패턴을 만들고 하락 추세로 돌아설 때다. 즉, 가장 안전한 매수 타점은 돌파한 신고가 자리를 지지해 줄 때가 신고가를 바로 돌파할 때보다 확률적으로 높다고 볼 수 있다.

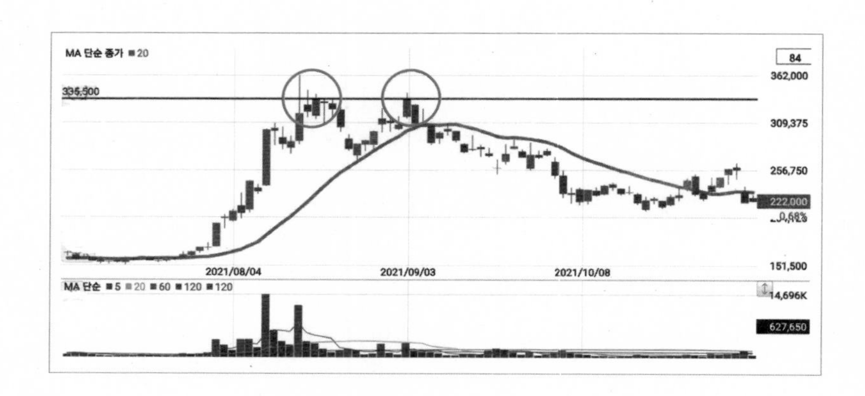

역사적 신고가를 만드는 패턴은 여러 가지이며, 아래는 신고가를 만드는 다양한 패턴이다. 자신만의 기준을 정해 시장 상황에 대응하자.

01	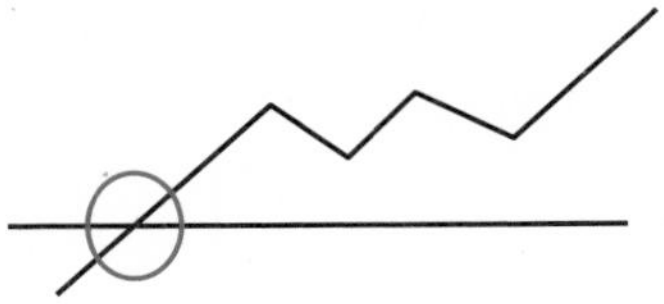	역사적 신고가를 갱신한다. 주가는 신고가가 돌파한 곳까지 눌림목이 나오지 않고 고가에서 눌림목이 나온 뒤 재차 상승하는 모습이다.
02	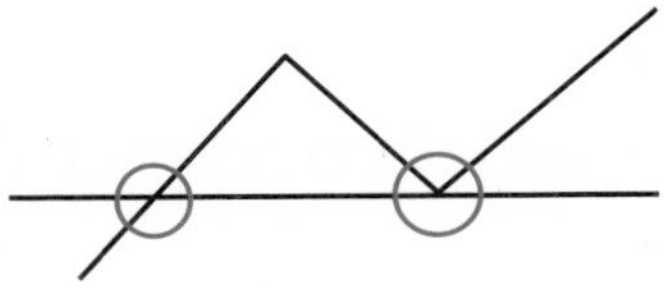	역사적 신고가를 갱신한다. 주가는 상승하고 신고가를 갱신한 곳까지 눌림목이 나오며 다시 상승하는 모습이다.
03	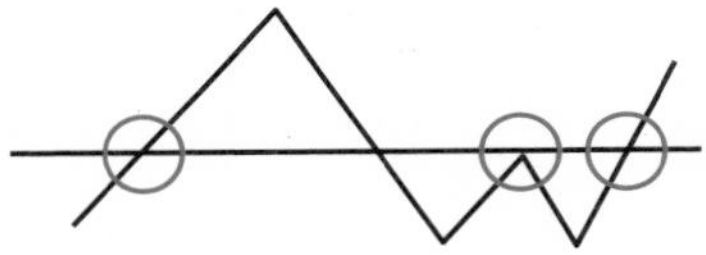	역사적 신고가를 갱신한 이후 주가는 재차 신고가 아래로 하락했다. 돌파된 자리가 저항선이 되어서 맞고 떨어졌다. 하지만 재차 저항선을 돌파하며 상승하는 모습이다.
04	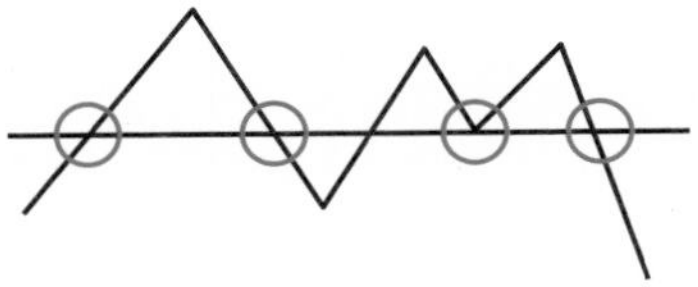	역사적 신고가를 갱신한 뒤 주가는 재차 신고가 아래로 하락했다. 신고가는 갱신된 곳의 고점을 돌파하지 않으며 쌍봉을 만들고 하락하는 모습이다.
05	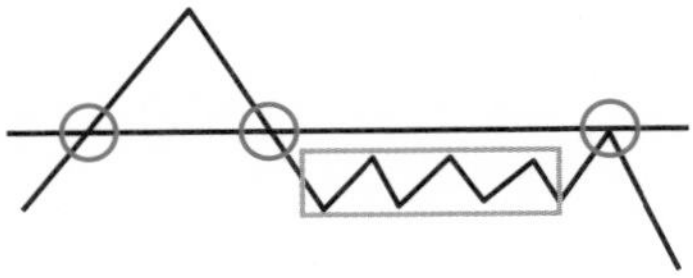	역사적 신고가를 갱신한 이후 주가는 재차 신고가 아래로 하락했다. 신고가 아래에서 박스권을 만들며 저항선이 된 신고가 부근에 맞게 재차 하락하는 모습이다.
06	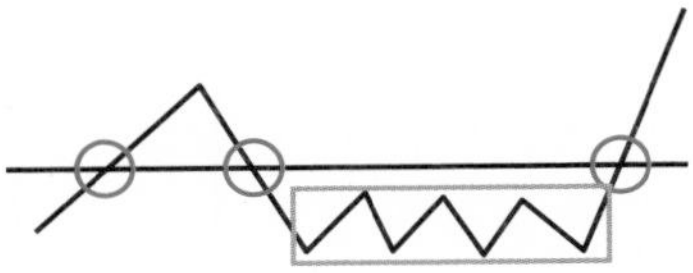	역사적 신고가를 갱신한 이후 주가는 재차 신고가 아래로 하락했다. 신고가 아래에서 박스권을 만들며 저항선이 된 신고가를 재차 돌파하면서 상승하는 모습이다.

신고가 종목을 검색하는 방법에는 두 가지가 있다. 첫째, 키움증권을 기준으로 코드 번호 [0161]을 입력해 신고가와 신저가 종목을 검색한다. 전체를 선택해 코스닥 지수와 코스피 지수 모두 나오게 하고, 입력 기간은 최대인 250일을 설정한다.

[0161] 신고가/신저가

◉전체 ○코스피 ○코스닥 신고가 고저기준 ○5일 ○10일 ○20일 ○60일 ◉250일 기간입력 250 ☑상하한포함

종목조건 전체조회 거래량 전체조회 신용조건 전체조회 거래대금 전체조회 조회 다음

종목명	현재가	전일대비	등락률	거래량	전일거래량대비	매도호가	매수호가	250일 고가	250일 저가
두산	134,500	▼ 5,500	-3.93	77,087	37.49%	134,500	134,000	144,000	46,250
코리아써키트	18,000	▲ 450	+2.56	1,207,153	90.95%	18,050	18,000	18,550	11,850
신원종합개발	14,300	▲ 400	+2.88	2,286,529	24.38%	14,300	14,250	14,450	3,965
바른손	5,280	↑ 1,215	+29.89	31,786,676	599.82%		5,280	5,280	2,380
네오위즈홀딩스	51,900	▼ 2,600	-4.77	968,079	90.51%	51,900	51,800	59,500	15,800
초록뱀미디어	3,210	▼ 30	-0.93	72,049,241	223.61%	3,210	3,205	3,555	1,800
엠게임	11,550	▲ 350	+3.13	16,533,867	278.03%	11,600	11,550	13,300	4,870
게임빌	126,300	▲ 17,400	+15.98	2,386,194	240.61%	126,300	126,200	141,500	31,000
버킷스튜디오	6,650	▲ 1,100	+19.82	65,803,677	409.24%	6,660	6,650	6,980	1,600
갤럭시아머니트	16,950	▼ 250	-1.45	19,145,036	131.18%	16,950	16,900	20,000	3,475
셀바스AI	6,960	▲ 60	+0.87	18,857,870	247.18%	6,960	6,930	8,670	2,500
이미지스	6,020	▲ 310	+5.43	401,449	58.65%	6,030	6,020	6,030	1,545
디엠티	4,510	↑ 1,040	+29.97	1,490,170	82.85%		4,510	4,510	1,960
피엔티	39,100	▲ 50	+0.13	761,419	64.15%	39,100	39,050	40,300	20,350
파수	10,700	▲ 900	+9.18	880,358	255.13%	10,700	10,650	11,300	6,270

둘째, 키움증권을 기준으로 코드 번호 [0150]을 입력해 조건 검색을 한다(영웅문은 최대 봉 주기 299일, 주기를 월로 설정하면 되며 위의 대상 변경을 클릭해 해당하는 부분을 체크할 수 있다).

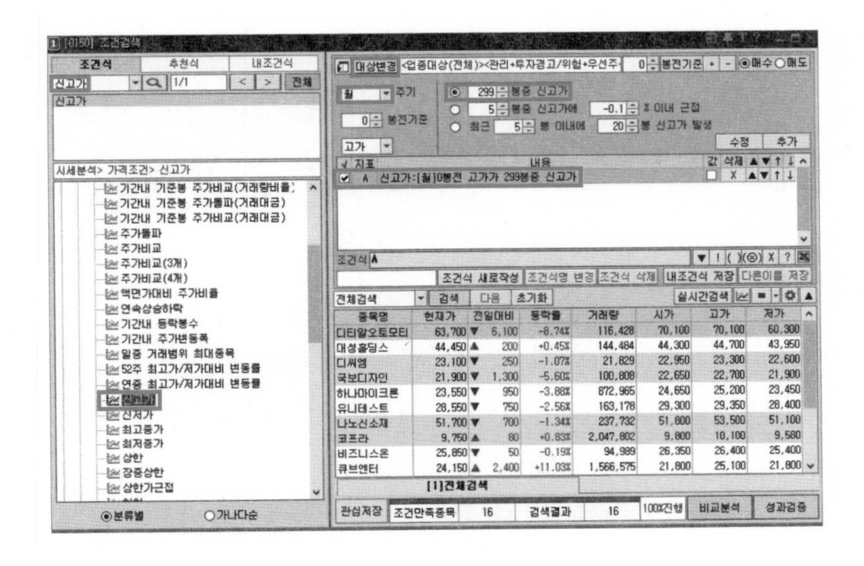

가장 중요한 것은 어떻게 매매하는가이다. 그러므로 매매하기 전에 일정 기간 정도 신고가 종목들의 주가 흐름을 지켜보며 패턴을 익히자. 신고가 종목들이 무조건 상승한다고 생각하기보다 위에 소개한 신고가 종목들의 패턴을 익히고, 작은 비중으로 실전 매매를 해보는 것이다. 고가에서 매매하기보다 자신만의 시나리오로 기계적인 대응을 하는 것이 주식 시장에서 오래 살아남는 방법이다. 종목에 대한 시장 트렌드, 추세를 추적한다면 의미 있는 공부가 될 것이다.

기준봉이 나온 이후 눌림목 때 매매하자

기준봉이란 무엇일까? 기준봉을 이해하기 전에 매집봉부터 알아보자. '매집'이란 주식을 사서 모으는 것 즉, 물량을 가져가는 것을 말한다. 매집봉은 주가가 박스권 안에 있으면서 세력이 개인의 물량을 사들일 때 나타난다. 그리고 바로 이 부분에서 매집봉과 기준봉의 공통점과 차이점이 드러난다. 매집봉과 유입봉 모두 박스권에서 '세력의 유입'을 나타내는 캔들이다. 발생 시점이 박스권 내라면 매집봉, 박스권을 돌파하면 기준봉인 것이다. 모두 세력의 유입을 나타내므로 이후 주가의 상승을 예상하게 하고 매수와 매도 타점을 잡게 한다.

구체적으로 기준봉은 긴 시간 횡보하며 박스권에 갇혀 있던 주가가 박스권을 강력하게 뚫고 나가는 것을 말하며, 기준봉이라는 명칭은 이 박스권을 돌파하며 만들어진 자리가 새로운 시세의 기준이 되기에 붙여진 이름이다. 기준봉의 시초가는 강력한 지지 라인이 되고 종가는 저항선이 된다. 이 기준봉이 확실한 역할을 하는지는 이후 주가가 돌파한 박스권의 상단 부분을 지지해 주는지를 지켜봐야 하며,

기준봉이 출현하면 출현 날의 거래량은 전날 혹은 전전날의 2배 이상이 증가한다.

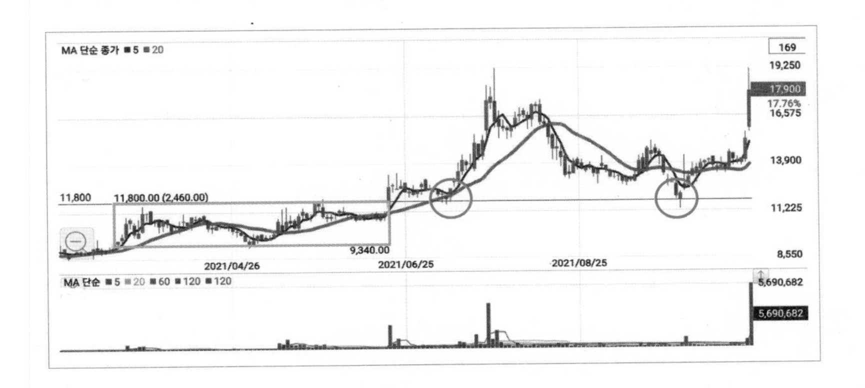

위의 차트를 보자. 박스권의 상단이 저항의 역할을 하고 박스권의 하단이 지지의 역할을 한다. 박스권 내에서 횡보하는 모습을 보이다가 이전의 거래량보다 매우 많은 거래량을 동반하며 박스권을 돌파하는 캔들이 형성되었으므로 기준봉이라고 할 수 있다. 이후 주가의 흐름은 기간 조정과 가격 조정을 보여준다. 그러나 박스권의 상단 즉, 돌파했던 그 자리를 지지해 주는 모습이다. 박스권의 상단은 강력한 저항선이었지만 돌파한 이후 강력한 지지선이 되었다. 첫 번째 동그라미 부분에서도 돌파한 자리를 지지하고, 두 번째 동그라미 부분에서도 돌파한 자리를 지지하는 모습을 보여주고 있다.

장대양봉 후 처음 만나는 40일선 매매를 하자

대부분의 투자자가 5일선, 20일선, 60일선, 120일선의 이동 평균선을 기준으로 매매한다. 시장의 흐름에 따라 매매 전략이 달라지는데, 기본적으로 주가가 생명인 20일선 아래로 주가가 빠지면 60일선을 기준으로 한다. 개인 투자자들이 주목하는 것은 20일선과 60일선의 중간인 40일선이다. 또한 어떤 투자자는 20일선이 깨지면 매도하는 전략을 세우고, 어떤 투자자는 20일선에서 1차 매수, 60일선에서 2차 매수하는 전략을 세우기도 한다. 그리고 이런 개인 투자자의 심리를 잘 아는, 돈을 가진 주체들은 60일선까지 가지 않고 40일선에서 하락을 멈추고 지지한 이후 주가를 올리는 경우가 많다. 60일선에서 기다리는 투자자에게 추가 매수의 기회가 오지 않는 이유다.

다만 40일선을 이용하는 매매는 몇 가지 조건이 있다. 거래량 없이 횡보하던 주가가 어느 날 많은 거래량을 동반하며 주가가 상승한다면 관심을 가지고 지켜보아야 한다. 상한가나 장대양봉이 나오면서

MA 단순 종가 ■20 ■40 ■60
57
18,200
16,143
15,800
2.60%
14,085
12,028
9,970
2021/07/12
2021/08/02
2021/08/23
MA 단순 ■5 ■20 ■60 ■120 ■120
9,588,036
692,203

MA 단순 종가 ■20 ■40 ■60
91
11,450
9,788
8,880
-0.11%
8,125
6,463
4,800
2021/06/10
2021/07/13
2021/08/13
MA 단순 ■5 ■20 ■60 ■120 ■120
21,460K
255,656

역배열에 있던 이동 평균선은 정배열의 과정을 거치게 될 것이다. 주가가 기간 조정과 가격 조정의 구간을 만나고, 조정 구간에서 40일선을 지지한 이후 앞선 거래량보다 더 많은 거래량을 동반하며 상승할 것이기 때문이다. 위의 차트는 급등했던 주가가 가격 조정의 모습을 보이고 하락하다가 40일선에서 지지하는 모습을 보여준다. 이때 거래량은 미미해야 한다. 그러나 40일선에서 거래량이 동반 하락한다면 매도의 관점에서 봐야 한다.

아래 차트는 40일선이 깨지면서 추가 하락이 나왔다. 20일선과 40일선이 역배열의 모습을 보여주기 때문에 단기적으로 매도의 근거가 된다. 그러나 왼쪽 차트처럼 주가가 20일선을 깨고 내려오더라도 40일선과 정배열의 모습을 유지하고 있다면 홀딩하면서 이후 주가의 흐름을 지켜볼 필요가 있다. 상한가나 장대양봉이 나온 뒤 처음으로 만나는 40일선 매매를 할 때 해당 종목이 시장의 주도주가 맞는지, 수급은 어떤지 등의 다양한 상황을 고려하면서 종목의 흐름을 읽어야 한다.

신규 상장주 매매 어떻게 할까?

어떤 종목이든 매매는 신중해야 한다. 그리고 신규 상장주 매매에는 조금 더 신중해야 한다. 신규 상장주는 데이터가 없기 때문에 기술적 분석에 한계가 있다. 그러므로 신규 상장주 매매에서는 보호예수 기간에 대해 알아볼 필요가 있다. 보호예수란, 증권예탁원이나 증권 회사가 투자자 소유의 유가 증권이 유통되지 않도록 안전하게 분리·보관하는 것을 말한다. 그리고 특정 상황에서 기업에 보호예수를 강제하는 것을 '의무보호예수 제도'라고 한다. 의무보호예수는 자본시장법, 금융위원회규정, 거래소상장규정 등에 따라 최대 주주 및 인수인이 보유한 주식을 일정 기간 매도하지 못하게 함으로써 최대 주주 등의 지분 매각에 따른 주가 급락으로부터 소액 투자자를 보호하기 위한 제도이다.

의무보호예수 해제 기업 리스트는 '에이콘스탁(http://www.acornstock.kr)'과 '세이브로(https://seibro.or.kr)'에서 확인할 수 있다. 메인에서 주식을 클릭하고 '의무보호예수→의무보호예수/반환→반환일, 반환주식수, 의무보유 사유 확인'을 클릭하면 확인할 수 있다. 다트 전자공시시스템에서 확인하고 싶다면 공시서류 검색에서 회사명을 입력하고 '증권 발생실적보고서'를 확인한 뒤 '청약 및 배정에 관한 사항→기간 투자자 의무보유 확약 기간별 배정 현황'을 확인한다. 또 다른 방법으로는 투자 설명서 내에 투자 위험 요소와 유통 가능 주식수 등의 현황, 주식 가격 하락 요소를 확인하면 된다. 일반적으로 유가 증권 시장에 사장된 기업의 경우에 상장 후 6개월간은 최대 주주와 기관, 외국인 등 돈을 가진 주체들이 주식을 팔 수 없으며(약정에 따라 다를 수 있으며, 코스닥 시장에 상장된 기업의 경우는 상장 후 1년간 최대 주주와 기관, 외국인 등 돈을 가진 주체가 주식을 팔 수 없다), 기관 투자자 중에서 운용사와 투자 매매 중개업자, 연기금, 운용사와 은행, 보험이 소유한 주식에 기간별로(15일, 1개월, 6개월) 보호예수가 설정되어 있다. 이런 상장주를 매매할 경우에는 다음을 참고하자.

첫째, 물량을 파악한다. 해당 기업의 총주식수와 유통 주식수를 계산하는 것이다. 아래에 소개한 것은 2021년 9월 17일에 상장된 현대중공업의 의무보유 확약 비율이다. 총공모 주식수는 1,800만 주이고, 의무보유 확약 비율을 제외한 나머지 47.91%가 유통 주식이 되는 것이다.

유통 주식 = 총주식수 - 보호예수 물량

그리고 상장 후 어느 정도 시간이 지나면, 해당 종목의 현재 주가와 보호예수 물량과 비중을 체크해야 한다. 보호예수 물량이 풀리고 난 뒤 주가의 방향을 확인한다면 앞으로의 추세를 예측할 수 있다.

의무보유 확약비율

구분	신청수량(단위:주)
15일 확약	195,300,000
1개월 확약	2,979,940,000
3개월 확약	4,869,591,000
6개월 확약	1,606,101,000
합계	9,650,932,000
총 수량 대비 비율(%)	53.09%

둘째, 매매 동향을 파악한다. 만약 외국인과 기관이 꾸준히 물량을 모으고 해당 종목의 주가가 일정 가격을 유지하고 있다면 관심 있게 지켜봐야 한다. 앞서 고가를 돌파할 때보다 더 많은 거래량이 동반되어야 하며, 많지 않은 거래량으로 고가를 돌파했다면 매집이 매우 잘 되었다고 표현할 수 있다.

기간 21/06/13 - 21/07/31			누적순매수	+22,160	+5,866	-30,089	-17,953	+255	-3,198	-201	+43	+274	-9,309		+1,832	+231
일자	현재가	등락률	거래대금	개인	외국인	기관계	금융투자	보험	투신	기타금융	은행	연기금등	사모펀드	국가	기타법인	내외국인
21/07/08	65,100	0.46%	42,542	+170	-175	-103	-263	+29	-496	-21		+506	+142		-66	+174
21/07/07	64,800	1.89%	75,465	+778	-582	-247	+138	+124	+390			-291	-609		+37	+15
21/07/06	63,600	8.90%	107,300	-2,583	+806	+1,769	+54		+1,450			+184	+81		+111	-104
21/07/05	58,400	2.10%	35,523	-1,361	+231	+1,405	+14		+382			+1,024	-14		-204	-71
21/07/02	57,200	-1.04%	18,909	+684	-599	-7	+50		-92				+35		-63	-15
21/07/01	57,800	4.33%	24,509	-1,527	+1,068	+484	+15		-142			+519	+92		+115	-140
21/06/30	55,400	1.65%	13,635	+496	-170	-333	-540		-393			+554	+47		+12	-5
21/06/29	54,500	-1.62%	19,645	+988	-601	-404	-70		-365				+32		+30	-12
21/06/28	55,400	3.17%	25,947	-878	+404	+191	-11		+329				-127		+327	-44
21/06/25	53,700	0.94%	28,419	+1,051	-20	-3,269	-1,864		+208	-12			-1,600		+2,189	+48
21/06/24	53,200	-4.66%	40,599	+3,798	+332	-4,833	-224		-108	-167			-4,335		+677	+27
21/06/23	55,800	-1.24%	92,086	+676	-579	-1,133	+32		-1,969				+804		+907	+129
21/06/22	56,500	13.34%	248,631	-2,315	-1,440	+3,493	+318	+53	+1,884	+36			+1,202		+120	+142
21/06/21	49,850	3.85%	20,474	-2,756	+1,299	+1,299	+347		+810				+142		+177	-18
21/06/18	48,000	-2.64%	19,513	+488	-313	-174	+129		-462				+159		-4	+3
21/06/17	49,300	2.82%	40,571	-2,262	+247	+2,401	+306	+63	+1,869			+164			-375	-12
21/06/16	47,950	0.52%	28,329	+1,185	-1,432	+417	+53	+42	+5			+155	+162		-173	+2
21/06/15	47,700	9.40%	83,398	-4,430	+1,147	+2,666	+54		+1,782				+830		+563	+54
21/06/14	43,600	6.60%	38,546	-1,731	+461	+188	+4		+75				+109		+1,196	-113
21/06/11	40,900	1.87%	4,173	-368	+138	+189			+189						+35	+6

셋째, 상장 후 한두 달 지난 시점의 고점과 저점을 확인한다. 고점은 저항선이 되고, 저점은 지지선이 된다. 기존 고점을 돌파한다면 저항선이 지지선이 되며, 기존 저점을 깬다면 지지선이 저항선이 된다고 볼 수 있다. 이동 평균선을 이용하여 더 간단하게 본다면 5일선이 우상향이라면 매수, 5일선이 우하향이라면 매도의 전략을 취해도 좋다. 상장한 지가 좀 지난 주식이라면 20일선을 기준으로 봐도 된다. 하지만 단기적인 관점에서 5일선을 우선 기준으로 잡고 볼 필요가 있다.

아래 차트를 보면 상장 첫날 음봉을 만들고 주가가 하락했다. 그리고 시간이 지나 상장 첫날의 시초가는 고가가 되었고 고가를 돌파하는 데는 오랜 시간이 걸렸다. 상장 후 하락하던 주가는 하락을 멈추고 쌍바닥을 만들며 저가를 확인해 주었다. 이처럼 저항과 지지는 매매에 매우 중요한 지표가 된다.

아래 차트에 표시된 작은 박스권을 돌파할 때의 모습도 주목할 필요가 있다. 작은 박스권의 상단을 돌파한 상태로 종가가 마무리되었다(첫번째 동그라미). 그 이후 주가는 종가를 지켜 주면서 상승하는 모습을 보이고 있다. 그래서 의미 있는 자리를 돌파하는 곳을 잘 보면서 저항과 지지선을 생각해야 할 것이다. 거래량에도 주목해야 한다. 일정한 자리를 지키면서 거래가 없다면 더는 시장에서 관심을 주지 않는다는 말이다. 나올 물량이 없다고 해석할 수 있다.

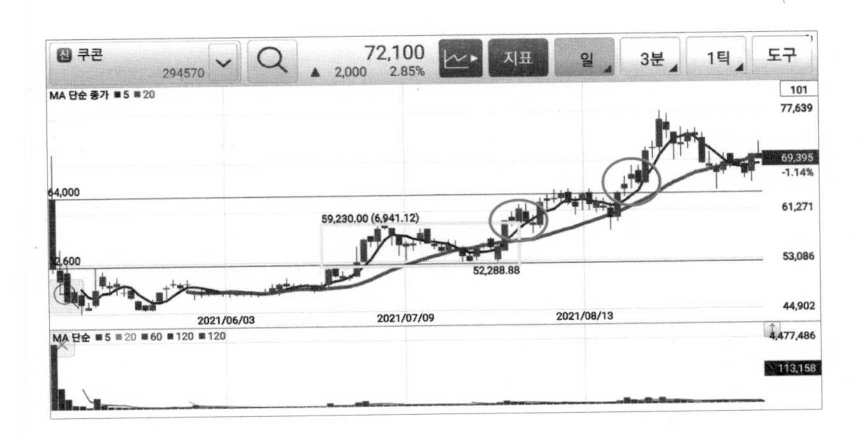

정리하자면 다음과 같다. 하락한 주가가 일정한 가격대를 지켜 주며(저항과 지지) 기관과 외국인의 수급이 좋고 거래량을 줄이고 있다면 관심을 갖는다. 또한, 5일선과 20일선의 저항과 지지를 보며 박스권을 돌파할 때도 관심을 갖는다.

아래 차트를 보면 위의 차트와 마찬가지로 상장 첫날 고가를 만들고 음봉으로 마무리되었다. 그리고 오랜 시간 가격 조정을 받았고, 그동안 거래량은 동반되지 않았다. 그러나 곧 거래량이 동반되며 시초가 근처까지 주가가 상승했다. 이후 거래량은 증가하고 갭 상승하며 주가는 신고가를 갱신했다. 그리고 주가가 빠지다가 다시 시초가까지 올리며 저항이었던 부분이 지지 라인이 되었다.

반대로 아래 기업은 시초가 위로 주가가 올라왔지만 이후 빠졌다. 시초가를 돌파하는 라인을 잘 살폈다면 단타로 대응할 수 있었을 것이다. 이후 저항선이 상장일 시초가를 깼을 때는 단기적으로 대응하면 좋았다. 물론 주가는 상승할 수 있지만 단기 대응에 실패한다면 큰 손실을 볼 수 있다.

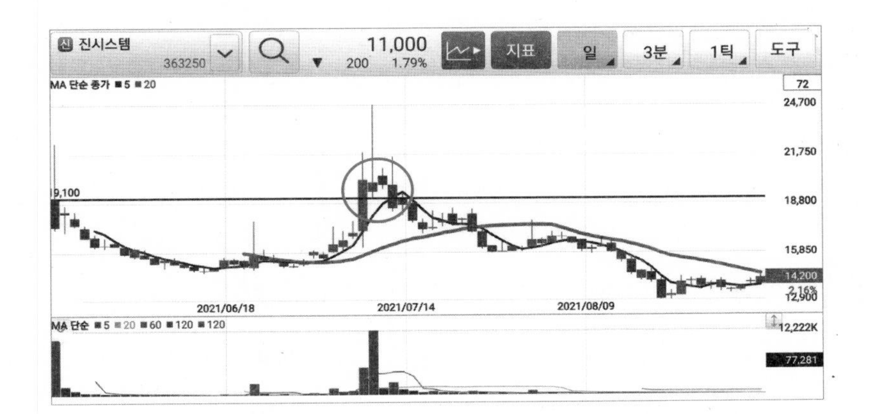

배당주 매매 어떻게 할까?

배당금은 기업에서 이익 잉여금이 발생하였을 때 일부 금액을 주주들에게 나누어주는 것을 의미한다. 시장에는 '찬바람 불면 배당주'라는 오랜 격언이 있을 정도로 연말에는 배당주 인기가 좋으며, 배당주는 변동성 장세가 지속되며 투자자의 관심이 늘어나고 있다. 우리나라의 경우 미국과 유럽 등의 국가에 비해 배당 성향이 낮은 편이지만 기관 투자자들이 의결권을 적극적으로 행사하는 주주 친화적 배당 정책을 시행하는 기업은 확대하는 실정이다.

사실 배당은 양날의 칼과도 같다. 배당 성향이 너무 높으면 기업의 성장 동력이 줄어들기 때문이다. 그래서 끊임없는 투자를 통해 급속도의 성장을 노리는 기업은 배당을 꺼리기도 한다. 성장 동력이 낮은 금융업과 리츠, 에너지 등의 기업이 배당을 높게 하는 이유다.

배당주에 투자할 때 판단 요소는 시가 배당률이다. 시가 배당률은 배당금을 현재 주가로 나눈 값이다.

시가 배당률 = 배당금 ÷ 현재 주가

대부분의 기업은 12월 결산 법인으로, 매년 1~12월 말까지의 기간을 기준으로 회계 장부를 작성한다. 그리고 배당금은 일반적으로 3월 주주 총회에서 확정해 4~5월에 지급한다.

:: 중간 또는 분기 배당 기업 리스트 (2019년 말 기준) ::

구분	배당	기업
코스피	3년 연속 배당(28사)	GKL, KPX케미칼, KPX홀딩스, SK이노베이션, SK텔레콤, S-OIL, 그린케미칼, 까뮤이앤씨, 대교, 동양고속, 삼성전자, 신흥, 쌍용C&E, 코웨이, 진양산업, 진양홀딩스, 천일고속, KCC, POSCO, 하나금융지주, 하나투어, 한국단자, 한솔제지, 한온시스템, 현대차, 금비, 삼화왕관, 오렌지라이프(현 신한지주)
	2년 연속 배당(6사)	SK, 동남합성, 두산, 두산밥캣, 미원상사, 제이에스코퍼레이션
	최초 배당(7사)	롯데지주, 미원에스씨, 코오롱글로벌, 태경산업, 태림포장, 한국토지신탁, 현대모비스
코스닥	3년 연속 배당(11사)	한국가구, 메디톡스, 지에스이, 씨엠에스에듀, 청담러닝, 삼양옵틱스, 리드코프, 유아이엘, 한국기업평가, 인탑스, 대화제약
	2년 연속 배당(3사)	레드캡투어, 아나패스, 위닉스
	최초 배당(3사)	코웰패션, 에코마케팅, 맘스터치

* 출처 : 금융감독원

우선 분기 배당주에 대해 알아보자. 우리나라의 대표적인 분기 배당주 기업은 삼성전자다. 그리고 지금은 주주 친화적 배당 정책을 시행하는 기업이 확대되어 POSCO, 효성ITX, 한온시스템, 쌍용C&E, 신한지주, 씨젠, SK텔레콤, SK리츠 등이 분기 배당을 하고 있다. 아래는 삼성전자의 2020년, 2021년 분기 배당금 금액이다.

(단위: 원)		1분기	2분기	3분기	4분기	합계
2021년	삼성전자	361	361	361	361	1,444
	삼성전자(우)	361	361	361	361	1,445
	기준일	3/31	6/30	9/30	12/30	
2020년	삼성전자	354	354	354	1,932	2,994
	삼성전자(우)	354	354	354	1,932	2,995

삼성전자와 삼성전자(우)의 차이점을 설명하자면, 삼성전자는 보통주 기업이고, 삼성전자(우)는 우선주 기업이다. 보통주 기업의 주주는 주주 총회에 참석해 주요 경영이나 결정 사항에 대한 권리 행사가 가능하다. 그러나 우선주 기업의 주주는 의결권이 없다. 대신 배당을 우선하여 받을 수 있다는 장점이 있다.

	2017년	2018년	2019년	2020년
배당금	850원	1,416원	1,416원	2,994원
수익률	1.67%	3.66%	2.54%	3.88%

이런 삼성전자는 2016년까지 중간 배당과 결산 배당을 지급하는 반기 배당(6개월)을 진행했다. 그러다가 2017년부터 현재까지 적극적인 주주 환원 정책을 발표하며 분기 배당(3개월)으로 지급하고 있다.

국내 배당주를 찾는 방법은 다양하다. 첫째, 네이버 증권을 통해 확인하자. 네이버 증권에 접속해 국내 증시 아래 배당을 클릭하면 배당 수익률이 높은 순으로 표시된다. 배열된 순은 수익률 순이기 때문에 배당 성향과 과거 3년 배당금에 대해서도 꼼꼼하게 확인할 필요가 있다. 과거 3년간 배당금이 증가하였는지 감소하였는지, 증가했다면 매출액과 당기 순이익은 어떤지도 같이 살펴본다면 투자에 도움이 될 것이다.

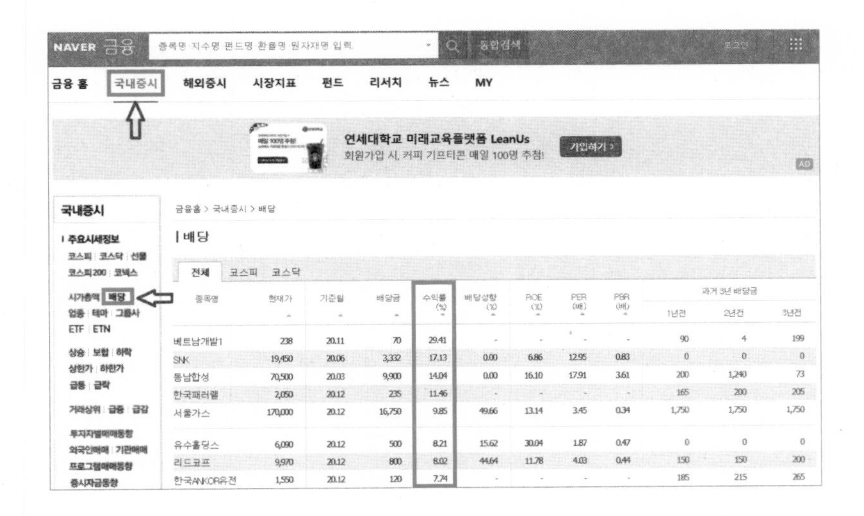

종목명	현재가	기준월	배당금	수익률 (%)	배당성향 (%)	ROE (%)	PER (배)	PBR (배)	과거 3년 배당금		
									1년전	2년전	3년전
베트남개발1	238	20.11	70	29.41	-	-	-	-	90	4	199
SNK	19,450	20.06	3,332	17.13	0.00	6.86	12.95	0.83	0	0	0
동남합성	70,500	20.03	9,900	14.04	0.00	16.10	17.91	3.61	200	1,240	73
한국패러랠	2,050	20.12	235	11.46	-	-	-	-	165	200	205
서울가스	170,000	20.12	16,750	9.85	49.66	13.14	3.45	0.34	1,750	1,750	1,750
유수홀딩스	6,090	20.12	500	8.21	15.62	30.04	1.87	0.47	0	0	0
리드코프	9,970	20.12	800	8.02	44.64	11.78	4.03	0.44	150	150	200
한국ANKOR유전	1,550	20.12	120	7.74	-	-	-	-	185	215	265

둘째, 세이브로 사이트를 이용한다. 아래 이미지와 같이 왼쪽의 배당정보를 클릭하면 배당 내역 전체 검색, 배당 내역 상세, 배당 순위가 나오고, 배당 순위에 들어가면 주식의 종류와 시장 구분, 조회 기간이 나온다. 조회 기준(시가 배당률, 액면가 배당률)을 설정해 원하는

정보를 얻을 수 있다.

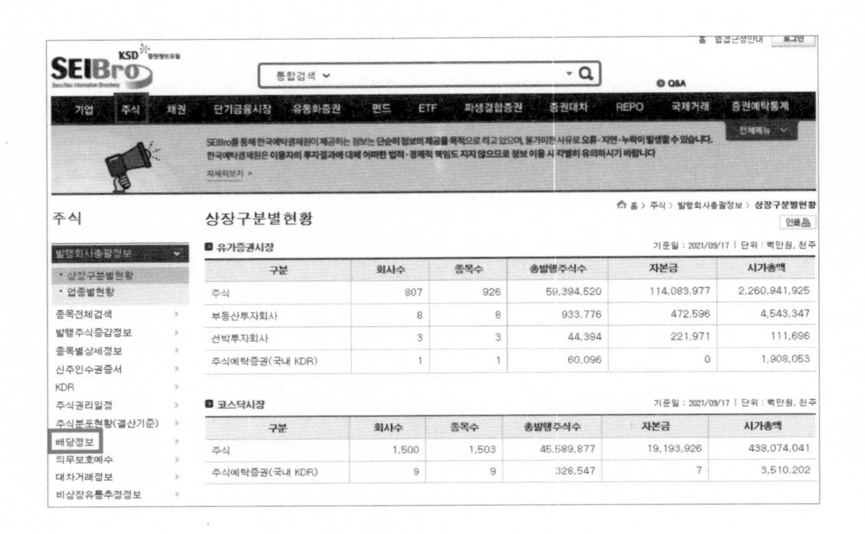

유가증권시장 (기준일 : 2021/09/17 | 단위 : 백만원, 천주)

구분	회사수	종목수	총발행주식수	자본금	시가총액
주식	807	926	59,394,520	114,083,977	2,260,941,925
부동산투자회사	8	8	933,776	472,596	4,543,347
선박투자회사	3	3	44,394	221,971	111,696
주식예탁증권(국내 KDR)	1	1	60,096	0	1,908,053

코스닥시장 (기준일 : 2021/09/17 | 단위 : 백만원, 천주)

구분	회사수	종목수	총발행주식수	자본금	시가총액
주식	1,500	1,503	45,589,877	19,193,926	438,074,041
주식예탁증권(국내 KDR)	9	9	328,547	7	3,510,202

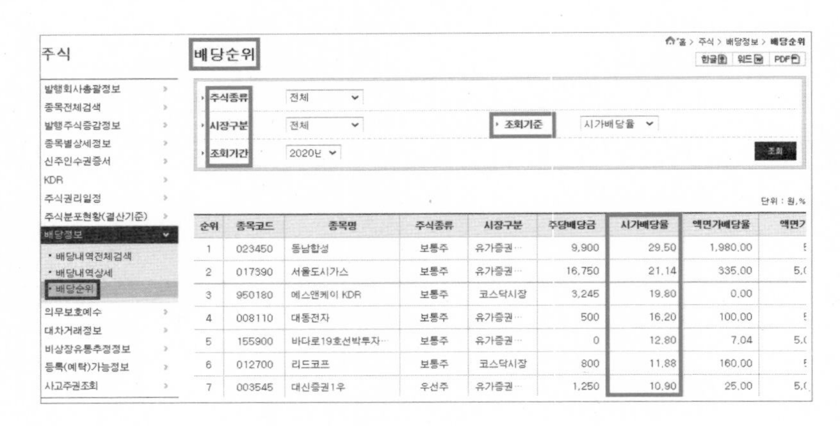

순위	종목코드	종목명	주식종류	시장구분	주당배당금	시가배당률	액면가배당률	액면가
1	023450	동남합성	보통주	유가증권…	9,900	29.50	1,980.00	5
2	017390	서울도시가스	보통주	유가증권…	16,750	21.14	335.00	5,(
3	950180	에스앤케이 KDR	보통주	코스닥시장	3,245	19.80	0.00	
4	008110	대동전자	보통주	유가증권…	500	16.20	100.00	5
5	155900	바다로19호선박투자…	보통주	유가증권…	0	12.80	7.04	5,(
6	012700	리드코프	보통주	코스닥시장	800	11.88	160.00	5
7	003545	대신증권1우	우선주	유가증권…	1,250	10.90	25.00	5,(

좋은 배당주는 어떻게 고를까? 첫째, 매출과 당기 순이익이 지속적으로 증가하는 종목을 선택한다. 배당도 주면서 꾸준히 성장하는 기업이 좋다. 둘째, 최근 5년간의 현금흐름표를 확인해 해당 기업의

사업과 성장성, 현금 창출 능력을 확인한다. 현금흐름표는 기업의 부채 상환 및 자금의 유동성을 평가하는 유용한 자료다. 셋째, 상여와 증여 이슈가 있는 기업에 주목한다. 넷째, 외국계 대주주인지, 대주주가 사모 펀드로 변경되었는지를 확인한다. 다섯째, 배당금을 꾸준히 지급했는지 확인한다. 배당은 의무가 아니기 때문에 불시에 지급하지 않을 수도 있다. 여섯째, 적정한 배당 성향을 유지하는지 확인한다. 배당 성향은 배당금 총액을 당기 순이익으로 나눈 값으로, 당기 순이익 중 얼마를 배당금으로 지급하는지에 대한 비율이다. 배당 성향은 5년간 평균 30% 이상이어야 한다. 물론 너무 높은 배당 성향은 좋지 않을 수 있다. 성장성이 있는 기업인지, 매출과 이익을 늘려 주가를 상승시킬 수 있는 기업인지를 확인해야 한다. 배당 성향도 높고 성장 동력도 높은 기업이라면 문제가 되지 않지만, 배당 성향은 높은데 주가가 상승하지 못한다면 고려해야 한다. 순이익이 늘지 않았는데도 배당금이 매년 상승한다면 이것 역시 합리적인 의심이 필요하다.

총 10개의 섹터로 나눠 섹터별 관련 종목을 소개한다. 시장에는 많은 섹터가 있고 더 세분화한 섹터를 소개하고 싶었지만, 집중해서 봐야 할 섹터를 중심으로 정리했다. 참고해서 이익을 남기는 매매를 하길 바란다.

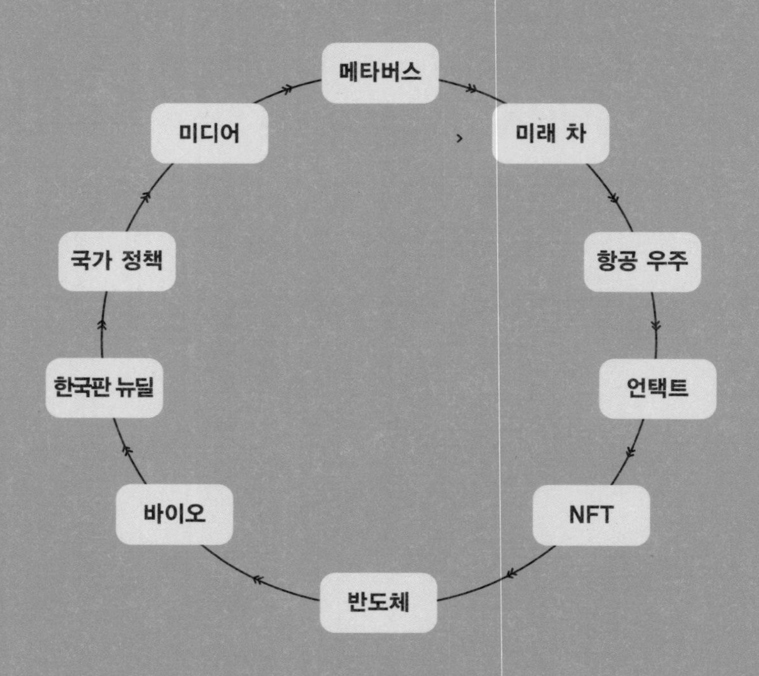

PART 5

섹터 및 종목 소개

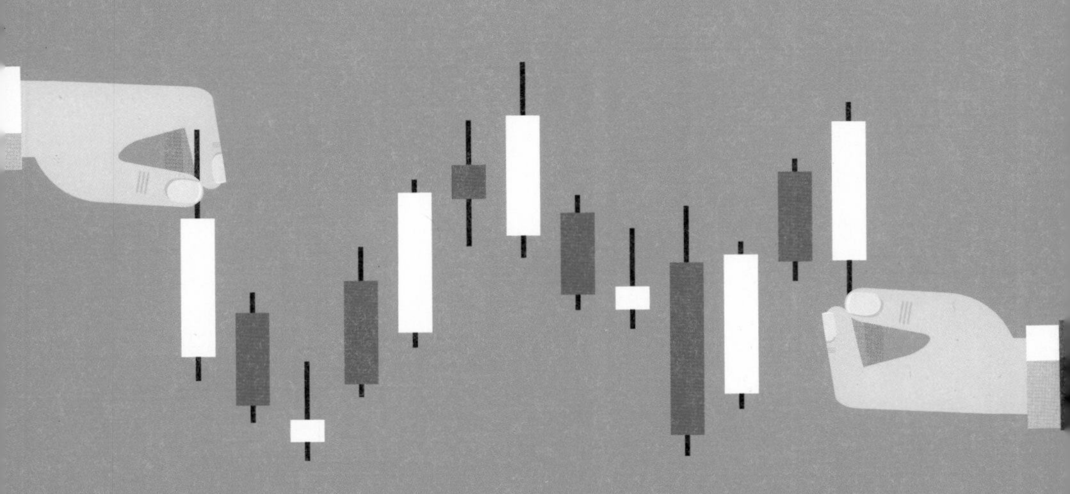

한국판 뉴딜

한국판 뉴딜이란 코로나19로 최악의 경기 침체와 일자리 감소의 충격 등에 직면한 상황에 글로벌 경제를 선도하기 위해 2020년 7월 14일에 10대 대표 과제로 마련된 국가 발전 전략이다. 경제 전반의 디지털 혁신과 역동성 확산을 위한 '디지털 뉴딜'과 친환경 경제로의

구분	내용
디지털 뉴딜	우리의 강점인 정보 통신(ICT) 산업을 기반으로 데이터 경제를 활성화하는 전략이다. 데이터 활용도를 높여 전 산업의 비약적 생산성을 높이는 한편, 인프라를 빠르게 구축하기 위한 정책이다.
그린 뉴딜	그린(green)과 뉴딜(New deal)의 합성어로 환경과 사람이 중심이 되는 지속 가능한 발전 정책을 의미한다. 저탄소 경제 구조로 전환해 고용과 투자를 늘리고자 하는 정책이기도 하다.
휴먼 뉴딜	경제 구조의 변화에 맞춘 새로운 일자리로의 이동을 위한 인력 양성과 취업 지원 및 디지털 격차 해소 등 고용 안정망과 사회 안정망을 강화하는 정책이다.
지역 균형 뉴딜	지역 경제 혁신과 삶의 질 개선, 국가 균형 발전을 도모하고 뉴딜과 지역 정책 연계, 양질이 지역 균형 뉴딜을 활성화하는 정책이다.

전환을 위한 '그린 뉴딜'이 두 축이고 경제 구조 변화에 맞춘 새로운 일자리로의 이동을 위한 인력 양성과 취업 지원 및 디지털 격차 해소 등 포용적으로 사람에게 투자하는 것을 확대하는 '휴먼 뉴딜'과 '지역 균형 뉴딜'도 이에 포함된다.

2020년 7월 14일에 발표한 정부의 한국판 뉴딜 1.0 버전 종합 계획은 추격형 경제에서 선도형 경제로, 탄소 의존 경제에서 저탄소 경제로, 불평등 사회에서 포용 사회로의 강한 의지와 구상을 담은 계획으로, 2021년 7월 14일에 한국판 뉴딜 2.0 버전의 5대 과제를 새롭게 발표했다. 기존의 과제에 글로벌 디지털화, 탄소 중립, 양극화 해소를 보강한 내용이다. 아래는 추가된 5대 대표 과제이다.

<table>
<tr><th>구분</th><th>10대 대표 과제
(2020년 7월 14일)</th><th>5대 대표 과제
(2021년 7월 14일)</th></tr>
<tr><td rowspan="3">디지털 뉴딜</td><td>데이터 댐</td><td rowspan="7">디지털 초혁신</td></tr>
<tr><td>지능형(AI) 정부</td></tr>
<tr><td>스마트 의료 인프라</td></tr>
<tr><td rowspan="4">디지털
그린 융복합</td><td>그린 스마트 스쿨</td></tr>
<tr><td>디지털 트윈</td></tr>
<tr><td>국민안전 사회간접 자본(SOC) 디지털화</td></tr>
<tr><td>스마트 그린 산업 단지</td></tr>
<tr><td rowspan="3">그린 뉴딜</td><td>그린 리모델링</td><td rowspan="3">탄소 중립 인프라</td></tr>
<tr><td>그린 에너지</td></tr>
<tr><td>친환경 미래 모빌리티</td></tr>
<tr><td rowspan="3">휴먼 뉴딜</td><td rowspan="3"></td><td>청년 정책</td></tr>
<tr><td>4대 교육 향상 패키지</td></tr>
<tr><td>5대 돌봄 격차 해소</td></tr>
</table>

첫째, 디지털 초혁신을 꾀한다. 가상 세계를 의미하는 메타버스를 필두로 '디지털 트윈, 클라우드, 지능형 로봇, 블록체인, 사물 인터넷' 등의 다양한 산업에 투자한다. 메타버스 플랫폼을 활용한 다양한 산업군이 변화, 형성되므로 시장의 주도 섹터를 찾아야 한다.

둘째, 탄소 중립 인프라를 형성한다. 글로벌 흐름에 맞추어 탄소 중립과 온실가스 감축을 목표로 하여 신재생 에너지 확산 기반 구축, 전기차와 수소차 등의 그린 모빌리티 등을 미래 성장 동력으로 육성한다.

셋째, 청년의 자립을 위한 청년 주거 안정, 자산 형성을 위한 지원책을 마련한다. 일자리와 스타트업 정책이 준비될 것이므로 관련 섹터를 관심 있게 보아야 한다.

넷째, 4대 교육 패키지를 실행한다. 코로나19로 저하된 기초 학력 보강을 위한 계획으로 비대면 수업으로 인한 시행착오와 개선점, 메타버스를 활용한 교육 등으로 어느 정도 변화가 있으리라 예상한다.

다섯째, 5대 돌봄 격차 해소 패키지를 실행한다. 코로나19 장기화로 인한 가정환경별 돌봄 격차를 해소하고 계층별 돌봄 안전망을 강화하기 위함이다. 노인 복지와 저출산, 교육 관련 섹터에 관심을 가지면 좋다.

분류	대표 과제	종목
디지털 뉴딜	데이터 댐	더존비즈온, 오이솔루션, 케이엠더블유, 이노와이어리스, 머큐리, 에이디칩스, 에이스테크, RFHIC, 와이어블, 에치에프알
	지능형(AI) 정부	텔레칩스, 만도, 유진로봇, 하이비전시스템, 팅크웨어, 네온테크, 한화시스템, 피씨디렉트, 제이씨현시스템, 셀바스AI
	스마트 의료 인프라	비트컴퓨터, 제이엘케이, 유비케어, 인성정보, 인바디, 인피니트헬스케어, 아이센스, 뷰노, 이지케어텍
	디지털 초혁신	이노뎁, 뉴프렉스, 맥스트, 이랜텍, 엔텔스, 자이언트스텝, 코세스, 가온미디어, 옵티시스, 선익시스템, 한빛소프트, 주연테크, 제이엠티, 지니뮤직, 케이사인, 라온시큐어, SGA솔루션즈, 이그잭스, 유비쿼스, 에스넷, 코콤, 누리텔레콤
디지털 그린 융복합	그린 스마트 스쿨	메가엠디, 아이스크림에듀, YBM넷, NE능률, 비상교육, 대교, 씨엠에스에듀
	디지털 트윈	한글과컴퓨터, 현대오토에버, 롯데정보통신, 우리기술, 에스에너지, 지란지교시큐리티
	국민안전 사회간접 자본(SOC)디지털화	인스코비, 한국주철관, 대림산업, 한일현대시멘트, 대우건설, GS건설, 혜인, 흥국 등(건설주, 시멘트, 중장비 관련주)
	스마트 그린 산업 단지	코엔텍, 인선이엔티, 와이엔텍, 시스웍, 에스엠코어, 삼성에스디에스, 옴니시스템, 포스코ICT
그린 뉴딜	그린 리모델링	현대리바트, 에넥스, 한국가구, 한샘, 한솔홈데코, 하츠, 이건산업, 이건홀딩스, 국보디자인, 누리플랜
	그린 에너지	두산퓨얼셀, 동국S&C, 씨에스윈드, 유니슨, 삼강엠앤티, 현대에너지솔루션, 에스에너지, 신성이엔지
	친환경 미래 모빌리티	현대차, 이엠코리아, 제이엔케이히터, 두산퓨얼셀
	탄소 중립 인프라	유니드, 에코프로, SGC에너지, 세종공업, 이건산업, 태경비케이, 그린케미칼, 대창솔루션, 그린케미칼, 후성
휴먼 뉴딜	청년 정책	아이비김영, 아시아경제, 플랜티넷, 원티드랩, 윌비스, 메가엠디, 위즈코프, 사람인에이치알

	4대 교육 향상 패키지	아이스크림에듀, YBM넷, 로보로보, 웅진씽크빅, 멀티캠퍼스, 정상제이엘에스, 청담러닝, 씨엠에스에듀, 디지털대성, 이퓨쳐, 메가스터디, 비상교육
	5대 돌봄 격차 해소	유유제약, 현대약품, 명문제약, 고려제약, 오스템임플란트, 덴티움, 캐리소프트, 제로투세븐, 아가방컴퍼니, 손오공, 삼성출판사, 오로라

메타버스

가상과 초월을 의미하는 '메타'와 현실 세계를 의미하는 '유니버스'의 합성어로 3차원 가상 세계를 의미한다. 1992년 미국 SF 작가 닐 스티븐슨의 소설 《스노 크래시》에 처음 등장한 개념으로, 5G 상용화에 따른 정보 통신 기술 발달과 코로나19에 따른 비대면 환경의 가속화로 주목받고 있는 기술이다. 메타버스의 유형은 기본적으로 다음 네 가지로 분류된다.

증강 현실	현실 공간에 2D 또는 3D로 표현되는 가상의 물체를 겹쳐 보이게 하면서 상호 작용할 수 있는 환경을 만든다.	HUD, 구글 글라스
라이프로깅	사물과 사람에 대한 일상적인 경험과 정보를 캡처하고 저장한다. 묘사하는 기술로 사용자는 모든 순간을 텍스트 등으로 캡처하고 서버에 저장, 공유가 가능하다.	SNS, 웨어러블 기기
거울 세계	실제 세계를 가능한 한 사실적으로 반영하되 '정보적으로 확장된' 가상 세계를 말한다.	구글 어스, 내비게이션
가상 세계	현실과 유사하거나 현실과 완전 분리된 공간으로 시대나 문화적 배경, 사회 제도 등을 디자인한다. 그 속에서 살아가는 가상 세계를 디지털 데이터로 구축한 것이다.	제페토, 로블록스

* 출처: 교보증권 리서치센터

투자 관점에서 메타버스 연관 기업을 분류하자면 크게 '인프라(5G, 6G, 클라우드, 데이터센터 등), 하드웨어(VR HMD, AR 글라스, 반도체, 디스플레이 등), 소프트웨어와 콘텐츠(개발 엔진과 인공지능, 디지털 트윈 기업 등), 플랫폼(로블록스와 마인크래프트, 포트나이트 등)' 네 가지로 분류할 수 있다. 메타버스는 가상 현실에서 한 단계 진화한 개념으로, 아바타를 활용해 실제 현실과 같은 사회·문화적 활동을 할 수 있는 세상을 말한다. AR(증강 현실), VR(가상 현실), XR(확장 현실), MR(혼합 현실), VFX(시각 특수 효과) 등으로 구성되어 있다.

구체적으로 AR은 현실의 이미지나 배경 위에 3차원의 가상 이미지를 겹쳐 하나의 영상으로 보여주는 기술이다.

AR	맥스트, NPC, 선익시스템, 동아엘텍, 하이비전시스템, 젬백스링크, APS홀딩스, 제이엠티, 바이브컴퍼니

VR은 일반적으로 고글을 쓰고 시청각 감각을 차단하여 평소에 경험하기 어려운 환경을 경험하게 한다. 컴퓨터로 만든 가상의 세계를 실제처럼 체험할 수 있는 최첨단 기술이다.

VR	한빛소프트, 신화콘텍, 이랜텍, 엠게임, 와이제이엠게임즈, 성호전자, 코세스, 텔레칩스, 지니뮤직, 넵튠, 뉴프렉스, 드래곤플라이, 롯데정보통신

XR은 AR과 VR을 아우르는 기술과 서비스로, 3D의 입체적 공간

콘텐츠 소비가 가능하여 실감 미디어 환경을 만든다.

XR	가온미디어, 덕우전자, 에이트원, 아진엑스텍, 엔피, 이노뎁

MR은 VR과 AR의 정보를 결합해 두 세계가 혼합하는 형태의 공간을 만드는 기술이다. AR 기술에서 상호작용이 조금 더 강화된 형태이다.

MR	이노뎁, 영우디에스피, 위지윅스튜디오, 주연테크

VFX는 존재하지 않는 세상이나 촬영이 불가능한 장면 등을 촬영하기 위해 이용되는 기법과 영상물을 말한다. 영화 등 콘텐츠 제작에 많이 사용되며 CG라 불리는 컴퓨터그래픽스 또한 VFX 중 하나이다.

VFX	덱스터, 위지윅스튜디오, 자이언트스텝

메타버스 연관 기업 중 플랫폼 분야에 대해서는 한 번 더 언급하고 싶다. 플랫폼은 승강기 개념으로 특정 장치나 시스템을 구성하는 기초가 되는 틀을 의미한다. 컴퓨터 시스템, 자동차 등 다양한 분야에 실제로 사용되고 있으며, 상품을 판매하기 위해 공통적으로 사용되는 기본 구조와 상품 거래 또는 응용 프로그램을 개발할 수 있는

인프라를 말한다.

플랫폼	한컴MDS, 씨엠에스에듀, 라이프시맨틱스, 지니뮤직, 넵튠, 디어유, 핑거, 청담러닝, CJ ENM, 에스엠, 엔씨소프트, 하이브, 네이버, 라이프시맨틱스

MEC(Mobile Edge Computing)는 특정 서비스 이용 시 일반적인 인터넷망 대신 서비스 사용자와 가장 가까운 곳에 있는 서버를 이용하는 일종의 '데이터 지름길' 기술이다.

MEC	덱스터, 위지웍스튜디오, 자이언트스텝, 엔텔스

NFT

NFT(Non-Fungible Token)는 '대체 불가능한 토큰'이라는 의미로 미술, 음악, 게임, 부동산 등 유무형의 다양한 자산의 소유권과 거래 내역을 블록체인에 저장한 디지털 파일을 의미한다. 소유권과 판매 이력 등의 자산 관련 정보가 모두 블록체인에 저장됨으로써 최초 발행자를 확인할 수 있어 소유권을 명확히 할 수 있고 위변조가 불가능하다. 또한, 기존의 암호화폐 등의 가상자산은 발행처에 따른 균등한 조건을 갖고 있기 때문에 NFT를 적용하면 서로 교환할 수 없다는 특징이 있다. 블록체인 상에 저장된 디지털 파일인 토큰화되어 있기 때문이다. 예를 들어, 같은 값의 현금은 누군가와 교환할 수 있지만, 스마트폰을 누구와도 바꿀 수 없다. 스마트폰은 대체 불가능한 것이고, 같은 값의 현금은 가치의 손실이 없는 대체 가능한 것이다.

현재 토큰은 유형 자산(오프라인 미술품, 부동산 등)과 무형 자산(디지털 미술품, 디지털 음원, 디지털 음반 등) 등에 사용되어 희소성과 유일성이라는 가치를 부여하며, 디지털 예술품, 온라인 스포츠, 게임 아이템

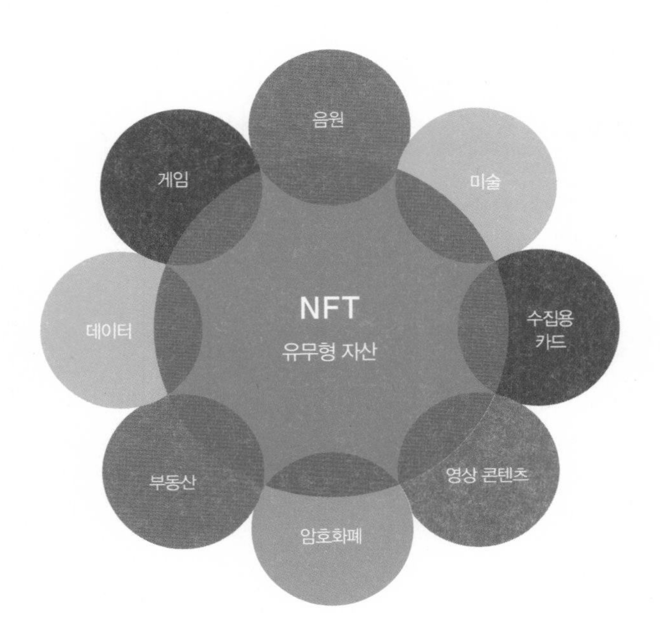

거래를 중심으로 그 영향력이 높아지는 상태다. 최근 NFT는 한번 생성되면 삭제하거나 위조할 수 없어 자산에 대한 인증서로 활용되고 있기도 하다. 아래는 NFT 관련 용어이다.

코인	다른 플랫폼에 종속되지 않고 자체 메인넷을 보유해 독립적인 생태계를 구성하는 암호화폐를 의미한다.
토큰	다른 플랫폼 코인 위에서 개별적인 목적을 달성하기 위해 사용되는 암호화폐를 의미한다.
블록체인	암호화폐에 사용되는 핵심 기술로 다수의 거래 내역을 묶어 블록을 구성한다. 해시를 이용해 여러 블록을 체인처럼 연결한 후 다수의 사람이 복사하여 분산 저장하는 알고리즘이다.
디파이	탈중앙화 금융의 약자로 블록체인을 기반으로 하는 금융 도구이다. 가상 자산을 담보로 대출을 받거나, 담보를 제공해 가상 자산을 대출하는 방식이다.

NFT를 말하면서 메타버스를 빼놓을 수는 없을 것 같다. 메타버

스 공간에서 유저 간 거래에 NFT가 유용하게 사용되기 때문이다. 즉, NFT는 메타버스 안에서 화폐의 역할을 하게 될 것이며, NFT는 메타버스가 주목받으며 효율성이 증가할 것이다. 앞으로 다양한 영역에서의 NFT 성장이 기대된다.

장점	특징
투명성	거래 내역이 블록체인에 공개적으로 기록되어 쉽게 추적할 수 있다.
표준화	작품을 토큰화하면 포맷상의 차이로 발생할 수 있는 문제들을 해결할 수 있다.
소유권	부분 소유권도 인정되고 디지털 소유권 증명을 통해 진위를 가릴 수 있다.
거래의 유용성	마켓 플레이스를 통해 쉽게 판매할 수 있다.
유일성	위변조가 불가능하다.

NFT 관련 상장 기업을 소개하면 다음과 같다.

분야	종목
미술	서울옥션, 블루베리NFT, 케이옥션
스포츠	갤럭시아에스엠, 블루베리 NFT
블록체인	드림시큐리티, 케이사인, 라온시큐어, 한컴MDS, SGA솔루션즈
엔터테인먼트	JYP Ent., 하이브, 와이지엔터테인먼트, 에스엠, 초록뱀미디어
게임	엠게임, 위메이드, 컴투스홀딩스, 엔씨소프트, 컴투스, 넷마블, 펄어비스, 카카오게임즈
전자 결제	갤럭시아머니트리, 다날
플랫폼	폴라리스오피스, 바른손, 아프리카TV, 한컴MDS, 디어유, FSN, 이즈미디어, 에스엠
기타	신한지주, 효성ITX

미디어

코로나19가 장기화되며 급속도로 성장한 분야가 미디어 콘텐츠 분야다. 비대면 문화가 확산되며 인터넷 기반의 미디어 콘텐츠 소비가 증가하고 넷플릭스, 디즈니, 애플TV 등의 OTT(인터넷 기반 동영상 서비스)가 각광받았기 때문이다. 게다가 최근 메타버스, NFT와 연계하여 새로운 시장을 열고 있기도 하다. 실제 이러한 시대 흐름에 따라 정부도 '혁신 성장을 견인하는 디지털 미디어 강국'을 비전으로 2022년까지 국내 미디어 시장 규모 10조 원, 콘텐츠 수출액 134억 2,000만 달러, 글로벌 플랫폼 기업 최소 5개를 목표로 지원하기로 했다. 구체적으로 국내 플랫폼과 콘텐츠 세계화를 위한 기반 마련, 국내외 사업자 간의 공정 경쟁 여건 조성을 위한 4대 전략과 55개 세부 과제 이행을 밝혔으며, 낡은 플랫폼 규제 폐지와 완화, 차별화와 대형화 지향, 젊은 창작자와 기업의 콘텐츠 제작과 투자를 지원한다.

OTT와 PP에 대해 짚어야 할 것 같다. 우선 OTT(Over The Top)는

방송	드라마	스튜디오드래곤, 에이스토리, SBS콘텐츠허브, 초록뱀미디어, 키이스트, 팬엔터테인먼트, SM C&C, NEW
	영화	CJ CGV, 제이콘텐트리, 롯데쇼핑, NEW
	TV	티비씨, YTN, SBS, KNN, 한국경제TV
	1인 미디어	키네마스터, 아프리카TV, CJ ENM
	OTT	알로이스, 코퍼스코리아, 삼화네트웍스, 제이콘텐트리, THE E&M, 위지웍스튜디오
	PP	LG유플러스, LG헬로비전, CJ ENM, 스카이라이프
	애니메이션	애니플러스, 토박스코리아, 오로라, 삼성출판사, 유엔젤
	기획사	와이지엔터테인먼트, JYP Ent.,하이브, 아이오케이, 에프엔씨엔터, 큐브엔터, 에스엠, 스튜디오산타클로스
광고	홈쇼핑	현대홈쇼핑, 롯데쇼핑, CJ ENM, 엔에스쇼핑
	방송 광고	제일기획, 이노션, 지투알, 오리콤, 에코마케팅, 나스미디어, 인크로스, 지어소프트, 와이즈버즈, 이엠넷, 플레이디, FSN
콘텐츠	캐릭터	손오공, 대원미디어, 캐리소프트,유진로봇
	웹툰	디앤씨미디어, 대원미디어, 키다리스튜디오, 미스터블루, 브레인콘텐츠
	유통	SM Life Design, SBS, SBS콘텐츠허브, iMBC, 디지틀조선, KNN, 케이티알파
	음원	YG PLUS, 지니뮤직, NHN벅스, 드림어스컴퍼니

인터넷으로 볼 수 있는 TV 서비스를 의미하지만, 지금은 플랫폼과 상관없이 인터넷으로 제공하는 모든 영상 서비스를 통칭한다. 크게 넷플릭스, 아마존, 디즈니, HBO 맥스, 애플TV 5개의 서비스 경쟁 구도가 이루어져 있으며, 최근에는 드라마 제작사들이 이익을 창출하기 위해 양질의 콘텐츠 제작으로 해외 판매와 OTT 진출에 힘 쓰고 있다.

PP(Program provider)는 '방송 채널 사업자' 또는 '프로그램 공급자'

를 말한다. PP는 케이블 TV나 위성방송에 고유 채널이 있으며 프로그램을 제작·편성하여 종합 유선 방송국이나 위성방송 사업자에게 제공한다. 이 또한 미디어 산업의 한 분야이므로 알아 두면 투자에 유리하다.

이처럼 미디어 콘텐츠 영역 또한 코로나19로 인해 비대면 생활의 새로운 방향성을 제시하며 다양한 온라인 활동 공간을 만들고 있다. 예를 들어, 일반적으로 엔터테인먼트 회사의 비즈니스 모델은 음원 판매와 광고 수익, 공연 수익, 저작권 수익 등이었다. 그러나 지금은 그렇지 않다. 메타버스 플랫폼에서 사인회와 공연을 하며 다양한 수익 모델을 창출하고 있다.

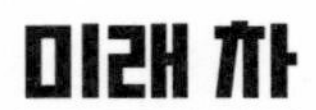

미래 차

수소차와 전기차는 미래 차가 될 수 있을까? 수소차와 전기차를 선택하기 위해서는 여러 가지 요소를 종합적으로 판단해야 한다. 어디에서든 충전할 수 있는 인프라가 구축되었는지, 연료비가 적절한지, 안전한지, 친환경적인지 등이 우선 고려되어야 할 것이다. 그렇다면 수소차와 전기차가 미래 차가 되기 위해서는 구체적으로 이러한 요소를 어떻게 충족하며, 현재 어느 정도 수준으로 달성되어 있을까?

첫째, 현재 전기차와 수소차의 충전소 위치는 국가에서 운영하는 '무공해차 통합누리집(https//www.ev.or.kr/h2monitor)'을 통해 확인할 수 있다. 지금은 전기차 인프라가 더 잘 구축되어 있으며, 배터리를 가득 충전하기까지 15분에서 4시간가량이 소모된다. 반면, 수소차는 인프라는 부족하지만, 충전기를 꽂으면 3~5분 만에 수소 탱크 가득 충전할 수 있다.

둘째, 이산화탄소나 질소산화물 등의 오염 물질을 배출하지 않아

친환경성과 안전성이 증명되었다. 모터 엔진이 아니어서 소음과 진동이 적고 사고 시 폭발 가능성도 낮다.

셋째, 전기차의 배터리가 상용화에 성공해 차량의 가격과 연료비 모두 전기차가 저렴하다. 현재 전기차의 연료비는 1km당 25원 수준이고, 수소차는 1km당 73원인 수준이다. 구체적으로 아이오닉 전기차는 연간 2만km 주행 시 30만 원이 드는 반면 넥소 수소차는 연간 180만 원의 비용이 들어 6배가량의 차이를 보인다.

이번에는 수소차의 연료 전지와 전기차의 배터리의 원리를 알아보자. 먼저 수소차의 연료 전지는 전기 화학적 반응을 통해 전기와 열을 생산하는 발전 장치로, 물 전기 분해의 역반응을 이용한다. 일반적으로 연료 전지의 좌측에는 수소가 공급되는 연료극(-)이 있고

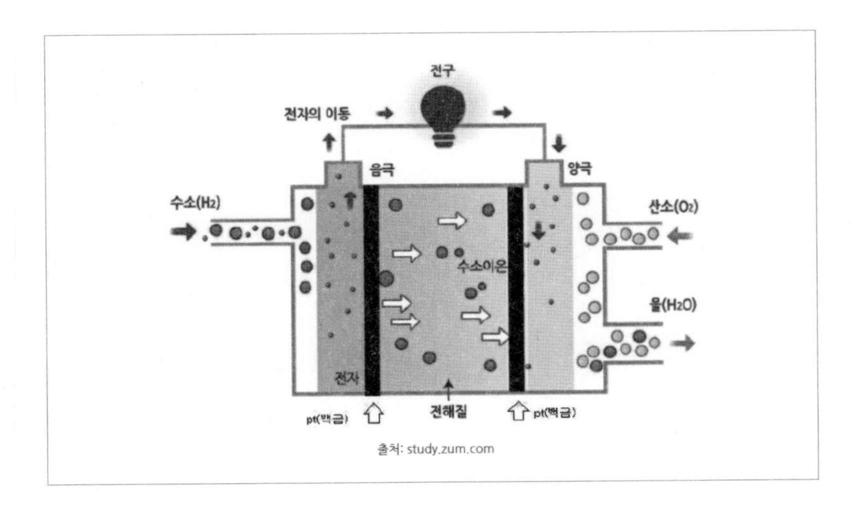

출처: study.zum.com

우측에는 공기가 공급되는 공기극(+)이 있다. 연료극으로 연료인 수소가 공급되면 수소 이온과 전자로 분리되고, 수소 이온은 전해질을 통해 공기극으로 이동하는 것이다. 전자는 외부 회로를 통해 공기극으로 이동해 전기를 발생시킨다. 즉, 이동한 수소 이온과 공기극으로 공급된 산소, 외부 회로를 통해 이동된 전자가 다시 결합하여 물이 되면서 전기와 열이 발생하는 원리이다.

수소차 연료 장치의 장점은 친환경적이라는 것이다. 수소와 산소의 전기 화학 방식으로 에너지를 생산하기 때문에 내연 기관 장치나 화력 발전과 같은 연소의 과정이 없고, 생성물이 전기와 물, 열뿐이라 환경 오염이 적다.

분류	종목
연료 전지	두산퓨얼셀, 에스퓨얼셀, 미코, 상아프론테크, 코오롱인더, 삼보모터스, 진성티이씨, 풍국주정, 디케이락, 시노펙스, 동양피스톤, LS ELECTRIC, 엘티씨, 현대제철, 현대글로비스
추출, 스테이션, 충전소, 플랜트	이엠코리아, 에코바이오, 제이엔케이히터, 현대로템, 일진하이솔루스, 효성중공업, 한화솔루션, 조광ILI, 두산중공업
액화 수소	효성화학, 대양금속, GS칼텍스, 롯데케미칼, 두산중공업
부품	평화산업, 유니크, 성창오토텍, 한온시스템, 뉴인텍, 세종공업, 우수AMS, 신도기연, 영화테크, 대원강업, SNT모티브, 디와이, 인지컨트롤스, 동아화성, 성문전자

전기차 배터리 팩은 전기차 배터리의 완성본으로, 몇 개의 배터리 셀을 모아 배터리 모듈을 만들고, 배터리 모듈을 모아 배터리 팩을 만든다.

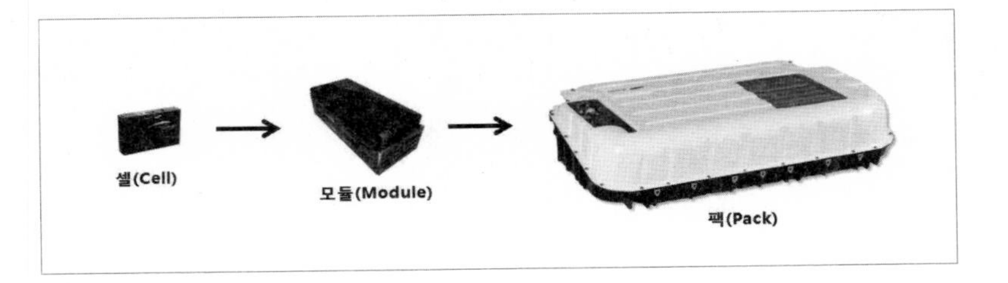

베터리 셀은 전기 에너지를 충전·방전해 사용하는 리튬 이온 베터리의 기본 단위로 '양극, 음극, 분리막, 전해액'을 사격형의 알루미늄 케이스에 넣어서 만든다. 그리고 배터리 모듈은 이러한 베터리 셀을 외부 충격과 열, 진동으로부터 보호하기 위해 일정한 개수로 묶어 프레임에 넣은 조립체이다. 배터리 팩은 전기차에 장착되는 배터리 시스템의 최종 모습이다. 배터리 모듈에 BMS(Battery Management System)와 냉각 시스템 등의 제어 및 보호 시스템을 장착해 최종 완성한다.

분류	구분	종목
배터리 제조	LG화학, 삼성SDI, SK이노베이션	
배터리 소재	배터리 셀	천보, 에코프로비엠, 포스코케미칼, 엘엔에프, 후성, 피엔티
	배터리 팩	신흥에스이씨, 상신이디피, 나라엠앤디, 상아프론테크
	양극재	에코프로비엠, 엘엔에프, 코스모신소재, 대보마그네틱
	음극재	포스코케미칼, 한솔케미칼, 대주전자재료, 나노신소재
	전해액	천보, 후성, 동화기업
	분리막	대한유화, SK아이이테크놀로지, 한송네오텍, 현대공업, 웰크론한텍, 유에스티, 피엔티, 황금에스티, 에스코넥
배터리 장비	전극	피엔티, 씨아이에스, 티에스아이
	조립	나인테크, 엠플러스
	활성화	원익피앤이, 에이프로
	검사	자비스, 이노메트리
	자동화	디에이테크놀로지, 엔에스
부품	한온시스템, 삼화콘덴서, 뉴인텍, S&T모티브, 한국단자	
충전소	대유플러스, 알티캐스트, 피에스텍, 원익피앤이, 에스트래픽, 디스플레이텍, 윌링스, 동양이엔피	

바이오

바이오산업이란 생명 공학 기술을 기반으로 생물의 기능과 정보를 활용해 부가 가치를 생산하는 산업을 말한다. 제품이 아닌 기반 기술의 적용 대상에 따라 구분되며, 바이오 분야가 일부분 융합된 다른 산업까지 통칭한다. 고위험 고수익(high-risk high-return) 사업으로 사업 개발에 필요한 투자 금액이 높고 회수 기간이 길어 장기 투자가 필수이다. 성공 시 높은 수익이 보장되지만, 성공까지 이어질 확률이 적은 편이다.

바이오산업의 한 분야인 의약품 산업에 대해 알아보자. 의약품은 일반 의약품과 전문 의약품으로 나뉘는데, 일반 의약품은 안전성과 유효성이 인정되어 의사의 처방전 없이 일반인이 자유롭게 선택해 복용할 수 있다. 반면, 전문 의약품은 반드시 의사의 처방전이 있어야 사용이 가능하다. 또한, 의약품은 합성 의약품과 바이오 의약품으로 나뉜다. 합성 의약품은 화학 반응을 이용해 제조하는 것이고, 바이오 의약품은 세포의 생물학적 반응을 이용해 제조하는 것이다. 바이오 의약품의 경우 생물체에 기초한 원료를 사용하므로 화학 의약품보다 부작용이 적고 약효가 뛰어나지만 개발과 생산 과정이 복잡해 진입 장벽이 매우 높다. 의약품의 종류에 대해 정리하면 다음과 같다.

합성 의약품	합성 신약	화학적 합성에 따라 생산된 의약품을 의미한다.
	개량 신약	이미 허가 · 신고된 의약품보다 약효가 좋도록 하는 데 필요한 물성을 변경하거나, 복용하기 편하게 바꾼 의약품이다.
	제네릭	복제 의약품. 특허 기간이 지난 의약품에 대해 타 제약회사가 같은 약효가 나는 의약품을 복제하여 판매하는 것. 개발비가 들지 않는다는 장점이 있다.
바이오 의약품	바이오 신약	세포 배양 방식, 인체 호르몬 유전자 재조합, 유전자 조작의 방법 등으로 제조한 의약품이다.
	바이오베터	기존의 바이오 신약보다 효능, 안전성, 편의성이 좋은 의약품이다. 베터는 '더 낫다(Better)'의 의미이다.
	바이오시밀러	'특허가 만료된 바이오 의약품'의 복제 의약품이다.

합성 의약품의 제네릭과 바이오 의약품의 바이오시밀러는 특허가 만료된 복제 의약품이라는 공통점은 있지만, 제네릭은 오리지널과 동등한 시험을 통과하면 인정받을 수 있는 반면 바이오시밀러는 그렇지 않다. 세포를 조작하는 등의 까다로운 과정을 거치기에 효과와 안정성을 인정받으려면 임상 시험 과정이 필요하기 때문이다. 똑같지는 않지만 비슷하다는 의미에서 시밀러(Similar)라는 단어를 사용해 바이오시밀러라고 한다. 아래는 바이오시밀러의 검증 과정이다.

구분	내용
신약 후보 물질 탐색	의약품의 효능과 작용 기전, 개발 목표를 설정하고 개발 대상 물질을 선정한다. 보통 5년 이상이 걸리며 검토되는 후보 물질만 5,000~10,000개이다.
비임상 시험	후보 물질 중 약 50개 정도만 진입한다. 동물 실험을 통해 약의 부작용과 독성 등 안전성을 평가한다.
제1상 임상 시험	동물 실험을 통해 안정성을 평가받은 신약을 최초로 사람에게 사용한다. 100명 내외의 건강한 사람을 대상으로 이루어진다.
제2상 임상 시험	본격적으로 약효를 알아보는 과정으로 신약의 가능성과 최적 용량, 용법을 결정하고 치료 효과를 탐색한다. 100~300명 이하의 실제 환자를 대상으로 임상 시험한다.
제3상 임상 시험	어느 정도 약효가 인정되면 다수의 환자를 모집해 효능과 안정성을 검사한다. 보통 마지막 검증이며 1,000~5,000명의 환자를 대상으로 임상 시험한다.
신약 허가 신청	임상 시험을 성공적으로 마치면 시험 경과를 식품의약품안전처에 제출해 시판 허가를 신청한다.
제4상 임상 시험	신약의 근거를 더 명확히 해야 할 경우에 시행한다.

바이오산업 중 의약품 분야의 트렌드는 합성 의약품에서 바이오 의약품으로 옮겨가고 있다. 연구와 개발 전문 기업도 가파르게 성장하고 있으며, 국내 다수 바이오 기업의 위탁 생산 및 위탁 개발도 활발하다. 바이오 관련 용어를 정리하면 다음과 같다.

CMO	바이오 의약품을 위탁 생산해 주는 의약품 전문 생산 사업이다.
CRO	바이오 의약품 수탁 개발 사업체이다.

CDO	바이오 의약품의 위탁 생산하는 방법 중 하나로, DNA를 받아 세포주를 만든 후 생산한다.
CDMO	위탁 개발(CDO)과 위탁 생산(CMO)의 합성어로, 위탁 생산 방법 중 하나다. 의약품 제조, 후보 물질 도출, 개발 등의 서비스를 제공한다.
파이프라인	파이프라인이란 원유를 운송하는 송유관을 말하나, 산업혁명 이후 제조업의 생산 공정이 세분화되면서 제품을 만드는 전용 생산 라인이라는 의미로 자리 잡았다. 제약사는 개발 중인 제품군을 '파이프라인'이라고 한다.

아래는 의약품 분야 관련주이다.

바이오시밀러	셀트리온, 셀트리온헬스케어, 팬젠, 한올바이오파마, 한미약품, 이수앱지스, 에이프로젠제약, 대웅제약, 삼성바이오로직스, 알테오젠
진단 키트	씨젠, 진매트릭스, 바이오니아, 클리노믹스, 랩지노믹스, 피플바이오, 지노믹트리, 팜젠사이언스, 엑세스바이오, 씨티씨바이오, 미코바이오메드, 휴마시스
줄기세포	차바이오텍, 코아스템, 인트로젠, 메디포스트, 파미셀, 에스씨엠생명과학, 네이처셀, 녹십자자셀, 녹십자랩셀, 파맵신
유전자 치료제	제넥신, 올릭스, 헬릭스미스, 올리패스, 바이오리더스, 셀리버리, 제노포커스, 코오롱생명과학, 진원생명과학, 우정바이오, 올리패스
항암제	크리스탈지노믹스, KH필룩스, 파멥신, 에스티큐브, 차바이오텍, 제넥신, 셀리드, 박셀바이오, 유틸렉스, 메드펙토
항생제	크리스탈지노믹스, 고려제약, 하이텍팜, 한올바이오파마, 인트론바이오, 레고켐바이오
DNA 검사	마크로젠, 지노믹트리, 디엔에이링크, 소마젠
당뇨 질환	압타바이오, 펩트론, 아이센스, 이오플로우

정신 질환	환인제약, 신풍제약, 대원제약, 경동제약, CMG제약, 펩트론, 씨트리, 현대약품, 국제약품, 유한양행, 종근당, 제일약품, 명문제약, 부광약품
자가 면역 질환	대웅제약, 엔지켐생명과학, 한올바이오파마
희귀 질환	셀리버리, 오스코텍, 메지온, 큐리언트, 한미약품, 압타바이오, 아이큐어, 티움바이오, 안트로젠, 이수앱지스, 아이진
CRO (임상 시험)	에이치엘비, 녹십자, 바이오에피스, 삼천당제약, 비보존헬스케어, 에이디엠코리아, 메지온, 바이오톡스텍, 노터스, 코아스템, 드림씨아이에스, 오리엔트바이오, 우정바이오, 켐온, 강스템바이오텍, 디티앤씨
CMO (위탁 생산)	SK바이오사이언스, 바이넥스, 보락, 삼성바이오로직스, 녹십자,프레스티지바이오파마, 한미약품, 프레스티지바이오로직스, SK케미칼
CDMO (위탁 개발 · 위탁 생산)	에스티팜, 바이넥스, 유바이오로직스

반도체

반도체는 메모리 반도체와 비메모리 반도체로 구분되며, 메모리 반도체는 데이터를 많이 저장하고 빠르게 처리하는 게 목표이다. 메모리 반도체에는 대표적으로 램(RAM, Random Access Memory)과 롬(ROM, Read Only Memory)이 있는데, 램은 정보를 저장하고 저장된 정보를 읽고 수정할 수 있는 메모리로 전원이 끊기면 정보가 사라진다. 그래서 휘발성 메모리라고도 한다. 반면, 롬은 전원이 끊겨도 저장된 정보를 보전하기 때문에 비휘발성 메모리라고도 한다. 또한, 비메모리 반도체는 정보 처리를 목적으로 제작된 반도체로 '시스템 반도체'라고도 한다. 컴퓨터의 중앙처리장치(CPU)처럼 특수한 기능이 있기 때문에 고도의 기술을 필요로 한다.

구체적으로 메모리 반도체의 종류에 대해 알아보자. 우선 메모리 반도체의 한 종류인 DDR(Double Data Rate)은 동작 속도와 지원 용량 등을 통한 DRAM 반도체의 규격으로, DDR1~4까지로 분류된

분류	종류	내용
메모리 반도체	DRAM	임시 저장 장치이다(PC, 서버).
	NAND	영구 저장 장치이다(SSD, 모바일 기기).
비메모리 반도체	시스템 반도체	데이터 저장의 과정 없이 데이터를 처리한다.
	광소자 반도체	실리콘이 아닌 빛을 이용한 반도체이다(이미지센서, LED).

다. 숫자가 높을수록 고성능이다. 최신 메모리는 2020년 7월 14일 국제반도체표준협의기구가 발표한 DDR5이다. 입출력 속도가 빨라 시스템의 데이터 처리가 무척 효율적이다. 전력 효율의 향상으로 서버 운용 비용을 절감하고 고사양 프로그램을 전보다 빠르게 이용할 수 있다. 인텔은 2022년 1분기에 DDR5를 지원하는 '엘더레이크' 중앙처리장치를 출시할 예정이다. 즉, 2022년을 기점으로 DDR5 메모리가 본격적으로 공급될 것으로 예측된다. 구체적으로 데이터 전송 속도가 5,200Mbps(초당 메가비트)로 기존 DDR4보다 1.6배 빨라졌으며, 풀 HD급 고화질 영화 11편을 1초에 전송할 수 있다. 전력 소비량도 30%가량 줄어든다. 메모리 반도체의 수요는 서버, 스마트폰, PC 시장이 대표적이다. 특히 대용량 반도체가 24시간 가동되어야 하는 서버의 특성상 전력 소비 효율을 향상시키기 위한 고성능 D램은 필수적이다. 아래는 반도체 분야별 관련주이다.

제품	종목
메모리 모듈	대덕전자, 심텍, 해성디에스, 코리아써키트, 티엘비
수동 부품	삼성전기, 아비코전자
후공정 소켓	ISC,리노공업, 티에스이, 마이크로컨텍솔
후공정 장비	테크윙, 유니테스트, 제이티, 엑시콘, 디아이

반도체 분야별 기업은 다음과 같다. 구체적으로 알아보자.

	설계	웨이퍼 생산	패키징, 테스트	판매, 유통
IDM				
칩리스				
팹리스				
디자인하우스				
파운드리				
OSAT				

첫째, IDM(Integrated Device Manufacturer)은 종합 반도체 기업으로 모든 반도체 생산 공정을 종합적으로 갖춘 기업을 말한다. 설계에서 웨이퍼 생산, 패키징과 테스트, 판매와 유통까지 가능하다. 둘째, 칩리스는 반도체 설계를 전문적으로 하는 기업이다. 셀 라이브러리(cell library)라는 특정 설계 블록을 팹리스나 IDM, 파운드리 등에 제공하여 IP 사용에 따른 로열티를 받아 수익을 얻는다. 즉, 설계 라이선스를 판매할 뿐 자사의 브랜드로 제품을 생산하는 건 아니다. 셋째, 팹리스는 반도체 설계를 전문적으로 하는 기업이다. 설계를 제외한 모

든 공정은 외주로 진행하며, 생산한 칩의 소유권이나 영원권은 자사 브랜드로 판매한다. 넷째, 디자인 하우스는 펩리스와 파운드리의 다리 역할을 하는 기업이다. 펩리스가 설계한 칩을 각 파운드리의 생산 공정에 최적화한 디자인 서비스를 제공한다. 펩리스가 설계한 반도체 설계 도면을 제조용 설계 도면으로 다시 디자인한다고 보면 된다. 다섯째, 파운드리는 생산 공정을 전담하는 기업이다. 주로 자체 제품 생산이 아닌, 수탁 생산을 한다. 반도체 생산 설비를 갖추고 있으며, 고객에게서 위탁 받은 제품을 대신 생산함으로써 이익을 얻는다. 여섯째, OSAT(Outsourced Semiconductor Assembly And Test) 기업은 반도체 패키징 및 테스트 수탁 기업이다. 어셈블리 기업, 패키징 기업이라고도 불린다. 아래는 반도체 분야별 기업 관련주이다.

업종	종목
IDM	삼성전자, SK하이닉스
칩리스	에이디테크놀로지, 칩스앤미디어, 코아시아, 에이디칩스
팹리스	동운아나텍, 실리콘웍스, 텔레칩스, 티엘아이, 아이앤씨, 아나패스, 어보브반도체, LX세미콘, 지니틱스
디자인 하우스	에이디테크놀로지, 코아시아, 알파홀딩스
파운드리	에스앤에스텍, DB하이텍, 에프에스티, 에이디칩스, SFA반도체
OSAT	테스나, 하나마이크론, 유니테스트, 고영, 테크윙, 엘비세미콘

다음은 반도체 공정에 따른 장비와 소재로 구분한 관련주이다.

섹터	공정	종목
장비	산화	AP시스템, 에스티, 원익IPS
	포토	코디엠
	식각	피에스케이, 테스,에프에스티,에이피티씨
	세정	케이씨텍, 제우스, 코미코, 디바이스이엔지
	증착	원익IPS, 주성엔지니어링, 테스, 유진테크, 뉴파워프라즈마, 포인트엔지니어링
	패키징	한미반도체, 하나마이크론, 시그네틱스, SFA반도체, 네패스, 엘비세미콘
	테스트 하우스	시스템 – 테스나, 아이텍, 네패스아크 메모리 – 네오팩트, 원팩, 에이티세미콘, 에이팩트
	테스트 장비	테크윙, 제이티, 유니테스트, 엑시콘, 디아이, 고영, 미래산업, 와이아이케이, 네오셈
	기타	자동화 – 네온테크, 씨엔지하이테크, 케이씨, 오션브릿지, 에스티아이 진공 장비 – 엔투텍, 엘오티베큠 이송장치 – 3S, 로체시스템즈, 싸이맥스 가스, 온도 – 유니셈, GST 장비 중고 매매 – 러셀, 서플러스글로벌 레이저 – 이오테크닉스,제너셈, 큐에스아이 장비 세정 – 미코 모션제어 – 아진엑스텍
	클린룸 설비	엔브이에이치코리아, 신성이엔지, 한양이엔지, 성도이엔지, 원방테크, 우진아이엔에스, 케이엠, 시스웍, 엑사이엔씨

섹터	공정	구분	종목
소재	웨이퍼	슬러리	케이씨텍, 솔브레인, 나노신소재
		패트	SKC
		세라믹	SKC솔믹스
	증착	가스	후성, 하나머티리얼즈, 원익머티리얼즈, SK머티리얼즈
		증착액	덕산테코피아, 램테크놀러지, 이엔에프테크놀로지, 한솔케미칼
		전구체	원익머트리얼즈, SK모티리얼즈, 레이크머티리얼즈, 메카로, 디엔에프
	포토	감광액	동진쎄미켐, 이엔에프테크놀로지, 경인양행
		마스크	에스엔에스텍
		펠리클	에프에스티
	식각	석영 유리	원익QnC
		RING	티씨케이, 하나머티리얼즈, 월덱스
		가스	SK머티리얼즈, 원익머트리얼즈, 하나머티리얼즈, 후성
		식각액	솔브레인, 동진쎄미켐, 램테크놀러지, 이엔에프테크놀로지, 천보
	세정	과산화수소	한솔케미칼
	패키징	리드프레임	해성디에스
		솔더볼	휘닉스소재, 덕산하이메탈
		몰딩	SK머티리얼즈
		금속 배선	엠케이전자
	테스트	소켓	마이크로콘텍솔, 리노공업, 오킨스전자, ISC
		프로브카드	테이스이, 아미크로프랜드
	기타	가스 제거 필터	에코프로, 젬백스

항공 우주

항공 우주란 지구를 둘러싼 대기권에서 우주를 포괄한 영역을 뜻하며, 항공 우주 산업이란 항공 우주의 영역과 관련한 항공기, 위성, 로켓, 우주선 등과 관련된 산업을 일컫는다.

항공 우주의 역사는 그 범위를 어디로 잡느냐에 따라 다르다. 1957년 10월 4일 소련이 발사에 성공한 세계 최초의 인공위성인 '스푸트니크 1호'와 민간에 널리 알려진 1969년 6월 16일 인류 최초의 달 착륙을 기준으로 한다면 가히 70년이 넘는 오랜 역사가 있다. 잘 알려지지 않았지만 1962년에는 무려 4시간 55분 23초 동안 궤도 비행에 성공한 역사도 있다. 그렇다면 이렇게 오래된 기술이 왜 최근에야 시장의 관심을 끌게 되었을까? 아마 '첫 상업용 우주여행 상품' 개시 때문일 것이다. 2001년 두 명에 약 190억 원에 달했던 우주여행 가격도 지금은 약 2억 원 대로 낮아졌다. 만년 적자이던 국가 주도 기반 산업이 민간 주도의 현실적인 수익 창출 가능성이 생긴 것이다. 물론 우주여행의 상업적 가치가 대중화하기까지는 시간이 더 필요할 것이다. 그리고 현실적으로 주목할 수 있는 항공 우주 분야는 '위성'으로 전망한다.

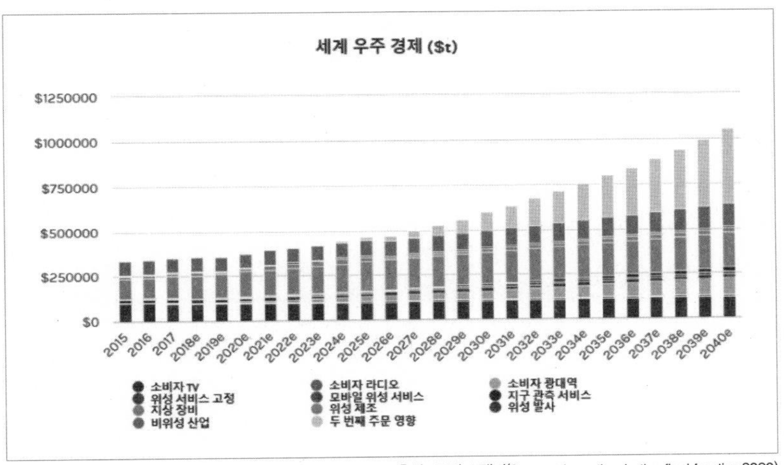

* 출처 : 모건 스탠리(Space : investing in the final frontier 2020)

미국의 투자 은행인 모건 스탠리에서 전망한 항공 우주 산업 동향에 따르면, 위성 제조에서 위성 서비스까지 우주 산업과 이를 통한 위성 인터넷, 위성 TV 등의 이차 상업적 이익을 포괄할 경우 2040년에는 1조 달러(약 1,200조 원)를 넘어설 것이라고 한다. 이와 더불어 미래 산업인 자율 주행, 인공지능, 6G 통신망 개발과 방향을 같이한다는 점에서 메가트렌드의 가치가 있다고 볼 수 있다. 연간 산업군의 개발 목표와 구축된 우주 내 위성 인프라를 통해 본격적인 수익 창출 구간은 2025년 이후로 전망한다. 항공 우주 산업 관련 국내 상장 기업을 소개하면 다음과 같다.

분야	종목	내용
발사체	한국항공우주	2014년 누리호 사업에 참여를 시작으로 누리호 총 조립을 총괄했다. 우리나라 항공 우주 산업의 주체적인 역할을 하는 기업이다.
발사체 엔진	한화에어로스페이스	주로 방위 산업을 영위하며, 누리호 엔진을 포함한 주요 발사체 기술에 기여했다. 항공기 및 가스 터빈 엔진 분야에 높은 기술력을 보유한 기업이다.
위성 통신	한화시스템	방위 산업이 주력이며, 군 위성 통신 체계를 구축한 경험으로 항공 우주 분야에서 민간 위성 시스템 구축의 역할을 할 것으로 기대되는 기업이다.
우주 인터넷 위성 시스템	쎄트렉아이	소형 인공위성 제조와 수출 기업으로, 위성으로 취득한 정보를 수신 · 처리하는 장비 및 소프트웨어가 주력 상품이다.
엔진	비츠로테크	전력의 생산과 공급에 관련한 전기 제어 장치를 개발하는 기업이다. 누리호 발사체의 추진 기관 및 엔진 개발에 참여한 이력을 바탕으로 항공 우주 관련주로 분류된다.
엔진 원소재	켄코아에어로스페이스	항공기 부품 제조 기업이다. 항공 우주 물류센터 관련 원소재 공급 사업을 하고 있으며, 미국의 블루오리진과의 계약과 스페이스X 등 항공 우주 업체의 1차 벤더로 입지를 다지고 있다. 항공 우주 관련주로 기대감을 모으는 기업이기도 하다.
위성 통신 시스템	AP위성	한국항공우주의 달 궤도선 탑재 장치와 차세대 중형 위성 RF 지상 시험 장비 납품 이력이 있는 기업이다. UAE에 위성 통신 단말기를 납품한 바 있으며 항공 우주 관련주로 주목받는 기업이다.

언택트

언택트(Un-tact)란, 접촉을 뜻하는 '콘택트(Contact)'에 반대를 뜻하는 접두사를 붙여 만든 신조어로, 비대면을 일컫는다. 언젠가는 도래할 생활양식으로 여겨졌으나, 코로나19로 예상보다 매우 빠르게 변화를 맞이했다는 게 학계와 산업계의 중론이다. 특히 이커머스 시장, 재택근무, 화상 회의, 온라인 동영상, 핀테크 등의 영역에서는 언택트로 인해 많은 변화가 있었으며, 추후 사물 인터넷, 스마트홈, 인공지능 등의 4차 산업혁명을 주도할 미래 기술 역시 코로나19를 촉매제 삼아 빠른 발전과 도입을 예고한다. 그렇다면 언택트 관련 산업으로 무엇이 있을까?

첫째, 전자 결제와 관련한 이커머스 분야다. 코로나19와 함께 가장 먼저 주목받은 분야이며, 식자재와 생필품 유통을 중심으로 한다. 우리나라의 이커머스 시장은 중국과 미국, 일본, 영국에 이어 세계 5위 규모이다.

종목	내용
네이버	우리나라 1위의 포털 사이트 기업으로, 검색 서비스와 커머스, 핀테크, 콘텐츠, 클라우드 서비스를 제공한다. 언택트 시장의 대장주로 꼽힌다.
카카오	우리나라 1위의 메신저 카카오톡을 중심으로 모바일 생태계 내에서 다양한 사업을 하고 있는 기업이다. 플랫폼 분야와 콘텐츠 분야로 나눠 메신저, 온라인 광고, 게임, 음악, 금융 등의 사업을 펼치고 있다.
다날	카카오페이와 월렛의 바코드 결제 서비스를 제공하는 기업이다.
KG모빌리언스	모바일 소액 결제와 PG 사업을 주력으로 하는 기업이다.
NHN한국사이버결제	온 · 오프라인 결제, O2O 결제 사업을 영위하는 종합 결제사이다.
KG이니시스	애플의 아이튠즈에 대한 국내 전자 결제 시장 독점 서비스 기업이다. 전자 지불 결제 대행업이 주력 사업이다.
갤럭시아머니트리	계좌 이체와 신용카드 · 모바일 소액 결제를 포함한 온라인 전자 결제 기업이다.
한국정보인증	엘지페이와 삼성페이 등의 지문 인증 서비스를 제공하는 기업이다. 공인 인증 기술과 간편 결제 서비스를 제공한다.

둘째, 물류와 택배 관련 분야다. 언택트로 가장 빠르게 성장한 분야이기도 하며, 관련주는 다음과 같다.

종목	내용
동방	항만 및 물류 거점을 통한 네트워크 시스템을 구축하고, 항만 하역 및 해상 운송 사업을 하는 기업이다.
한익스프레스	전국적으로 물류 거점을 구축해 육상 화물 운송 및 국제 운송 주선, 3PL 등을 주요 사업으로 영위하는 종합 물류 기업이다.
CJ대한통운	CJ그룹의 계열사로 국내의 대표적인 종합 물류 업체이다.

한솔로지스텍스	한솔그룹의 계열사로 컨테이너 운송 사업, 트럭 운송 사업, 해상 항공, 포워딩 사업, 물류 시스템 산업별 물류 서비스를 제공하는 기업이다.
태림포장	골판지 및 골판 상자를 생산해 국내외에 판매하는 기업이다. 택배 산업의 발달로 크게 성장했다.
삼륭물산	우유나 주스 또는 청량음료를 담을 수 있는 액체 음료 포장 용기의 일종인 카톤팩 전문 생산 업체이다.

셋째, 재택근무와 화상 회의 분야이다. 재택근무와 화상 회의 역시 코로나19가 불러온 산업계의 대표적인 변화로 꼽히며, 많은 기업이 코로나19의 확산 우려로 재택근무와 화상 회의를 도입했다. 위험 요소를 미연에 방지하고자 함이다.

종목	내용
이씨에스	영상 회의, 네트워크 통합, 가상화 등으로 사업 영역을 확대하고 있다.
알서포트	원격 소프트웨어 개발과 공급을 주요 사업으로 한다. 원격 지원과 원격 제어 분야에서 지속적인 기술 투자와 역량을 집중하면서 아시아 마켓에서 시장 점유율 1위를 기록하고 있다.
링네트	컴퓨터 네트워크의 설계, 통신, 장비 공급과 설치, 유지 · 보수를 포함하는 NI사업, 화상 회의 시스템, 클라우드 가상화 등의 사업을 영위한다.
소프트캠프	문서 보안, 영역 보안, 문서중앙화, APT 대응 솔루션 등이 주력 서비스이다. 문서 보안 솔루션 및 영역 보안 솔루션 매출 비중이 높다.

넷째, 비대면 원격 진료 분야이다. 원격 진료 또한 수년 전부터 논

의 되던 분야지만 코로나19로 앞당겨졌다. 의료와 IT 기술, 인공지능의 발전과 함께 필요성이 부각되는 분야이기도 하다.

종목	내용
인성정보	국내에서 유일하게 원격 의료 종합 솔루션을 제공하는 기업이다. 식약처 인증을 완료했다.
비트컴퓨터	의료용 데이터 클라우드 서비스 사업을 진행하고 있다. 원격 의료 시스템을 국내외 900여 개 기관에 구축했다.
인피니트헬스케어	전통적인 원격 의료 관련 종목으로 의료영상정보 시스템, 전자의무기록 등의 시스템을 서비스하는 기업이다.
케어랩스	미디어 플랫폼, 디지털 마케팅, IT솔루션을 주요 사업으로 하는 업체이다.
유비케어	국내 요양 기관 EMR 시장 점유율 1위 기업으로 의료 정보 플랫폼 사업, 개인 건강 정보 관리 플랫폼 사업을 진행하고 있다.
라이프시맨틱스	국내 최초로 개인 건강 기록 플랫폼인 라이프레코드를 상용화했다. 다양한 ICT 환경에서 의료 정보의 수집, 저장, 교환이 가능한 최신 국제 표준 기술과 보안 체계가 적용된 라이프레코드는 개인이 스스로 자신의 EMR과 유전자 데이터, 라이프로그 등 개인 건강 기록 데이터를 통합 관리할 수 있는 환경을 제공한다.
딥노이드	의료 진단, 판독 보조 및 질병 조기 진단을 위한 솔루션을 개발하는 의료 인공지능 사업을 영위하고 있다. 각종 의료 데이터를 인공지능으로 분석하여 질환 분류, 병변 영역 검출, 예후 예측 등의 역할을 수행한다.

국가 정책

대통령 선거나 국회의원 선거철이 다가오면 정치인은 많은 정책을 제시한다. 그리고 주식 시장은 그와 관련한 정책 테마주가 움직이기 시작한다. 후보와 직접적인 관계가 없더라도 어떻게든 후보와 연결해 주가를 상승시키는 인맥주부터 후보들이 내놓는 정책에 관련한 테마주가 움직이는 것이다. 항상 이 선거철이 끝나면 소위 대박주라는 게 나온다. 큰 수익을 얻는 사람도 있다. 그러나 시세가 나온 종목에서 더 큰 상승을 기대하고 매수한 곳이 고점이 되기에 손실을 보는 사람도 생기기 마련이다.

그렇다면 정책주는 어떻게 매매해야 할까? 우선 각 정당 후보들의 정책을 정리하고 비교하자. 공통되는 정책과 차별성이 보이는 정책을 정리하고, 차별성이 있다면 어떤 부분인지를 살핀다. 또한, 반복되는 정책은 과거의 사례를 통해 학습해야 한다. 과거의 사례를 통해 미래를 예측하지만 예단하지 않으면서 시장에 대응해야 할 것이다. 가장 눈여겨봐야 할 정책은 다음과 같다.

첫째, 부동산 정책이다. 부동산에 대해 언급할 때 우선순위가 되어야 할 것은 부동산 가격 안정이다. 폭등한 집값을 잡기 위해서는 수요 억제 정책을 완화하고, 공급 확대 정책을 내놓을 가능성이 높다. 공급 확대 정책에는 재건축 및 재개발 규제 완화 및 공급 확대, 지방 건설 경기 부양 등이 있다.

역대 정부 부동산 정책과 집값 상승률 (단위:%)

※상승률은 서울 아파트 중위값 기준

	노무현 정부 (2003년 3월~2008년 2월)	이명박 정부 (2008년 3월~2013년 2월)	박근혜 정부 (2013년 2월~2017년 3월)	문재인 정부 (2017년 5월~2020년 5월)
공급	위례, 판교 등 2기 신도시 발표	길음, 아현 등 뉴타운 개발 본격화 강남 세곡동, 내곡동에 보금자리 아파트 건설 도시형 생활주택	기업형 임대주택 (뉴스테이)	3기 신도시 발표
세금	재산세 인상, 종부세 도입 양도세 중과	양도세 중과 폐지, 세율 인하 일시적 1가구 2주택 보유기간 완화 종부세 합산배제, 세율 인하	양도세 5년간 면제	양도세 중과, 종부세 인상 취득세 인상
대출 및 재건축	분양권 전매 금지 재건축 초과이익환수제 시행 LTV 강화, DTI 도입 민간택지 분양가 상한제	투기지역 해제 후분양제 완화	LTV DTI 완화 수직 증축 리모델링 허용 재건축 연한 단축	재건축 안전진단 강화 민간택지 분양가 상한제 부활 재건축 초과이익환수제 부활 신DTI, DSR 도입
상승률	94	-13	29	52

* 출처 : 2020년 7월 27일 한경닷컴

임대 사업	케이탑리츠, 이스타코, 에이리츠, 롯데리츠
도시 재생	웹스, 동아지질, KT서브마린, 남광토건, 에스에이엠티, 이화공영, 자연과환경, 누리플랜, 특수건설
인테리어	시공테크, 한국가구, 에넥스, 대림B&Co, 한샘, 지누스, 현대리바트, 한솔홈데코, KCC, 오하임아이엔티, 하츠, 벽산, 국보디자인, 이건산업, 이건홀딩스, 라이온켐텍, 동화기업
부동산 개발	SK디앤디, 서부T&D, 한국자산신탁, 한국토지신탁, 신한알파리츠, 이리츠코크렙, HDC
건설	동신건설, 일성건설, 대우건설, GS건설, 서희건설, 혜인, 현대건설기계, 신원종합개발, 대림산업, 현대건설, 삼성물산, 계룡건설

둘째, 저출산 정책이다. 저출산 문제는 항상 사회 문제로 대두되고 있다. 출생아 수 감소로 생산 가능 인구가 줄면 소비, 투자 저축이 감소하고, 다시 세수 감소로 이어지는 악순환이 반복된다. 이 때문에 국가 경제 규모도 작아질 수밖에 없다. 최근 저출산의 원인은 경쟁 과열, 양육비 부담, 부동산 문제, 일자리 부족 등의 문제가 복합적으로 결합되었기 때문에 제대로 된 정책이 나와야 할 것으로 보인다.

저출산	아가방컴퍼니, 제로투세븐, 유엔젤, 토박스코리아, 삼성출판사, 오로라, 캐리소프트, 손오공

셋째, 일자리 정책이다. 최근 코로나19로 실질 경제가 무너지며 일자리 구하기가 더욱 힘들어졌다. 일자리 문제의 근본적인 해결책은 단순하게 일자리 숫자를 늘리는 것이 아니라 구조 개혁을 통해 일자리 창출이 가능한 시장 환경을 마련하는 것이다.

시장과 시대 변화에 대응하는 교육의 질적 개선, 시스템의 구축, 일자리 창출의 핵심인 중소기업 경쟁력 강화 등 장기적인 관점의 정책이 있어야 할 것이다.

일자리	플랜티넷, 원티드랩, 윌비스, 아이비김영, 아시아경제, 메가엠디, 위즈코프 , TS인베스트먼트, 대성창투, DSC인베스트먼트, 사람인에이치알

넷째, 교육 정책이다. 코로나19로 인해 일선 교육 현장은 그간 겪어보지 못한 상황을 맞이했다. 비대면 수업이 진행되면서 전국 모든

교실에 무선망이 깔리고 원격 수업이 보편화하는 등 체계적인 디지털 인프라가 마련되는 계기가 되기도 했다. 또한, 일선 교육 현장에도 인공지능과 메타버스를 활용한 다양한 수업 모델이 도입되고 있다. 온·오프라인이 결합한 교육의 변화가 있어야 할 것이다.

교육	대교, 아이스크림에듀, YBM넷, 로보로보, NE능률, 웅진씽크빅, 멀티캠퍼스, 정상제이엘에스, 청담러닝, 씨엠에스에듀, 디지털대성, 이퓨쳐, 메가스터디, 메가스터디교육, 비상교육

다섯째, 노인 복지 정책이다. 우리나라의 고령화 속도는 OECD 회원국 중 가장 빠르며, 우리는 초고령화 사회를 앞두고 있다. 그리고 노인 계층이 증가함에 따라 노인 복지의 필요성과 중요성도 강조되는 실정이다. 미흡한 노후 대비가 심각한 사회 문제를 야기할 수 있는 만큼 노인 복지 문제 진단부터 처방까지 체계적으로 정비해야 할 것이다.

노인 복지	유유제약, 현대약품, 셀리버리, 젬백스, 아이큐어, 명문제약, 고려제약, 오스템임플란트, 덴티움, 메타바이오메드

여섯째, 원전 정책이다. 문재인 대통령은 19대 대선 때 탈원전 정책을 공약으로 내세웠다. '원자력 제로'를 목표로, 신규 원전 건설 계획 백지화, 노후 원전 수명 연장 중단 등을 주장했으며, 원전 비중을 2030년까지 18~30%로 낮추고, LNG는 20~37%, 신재생 에너지는 5~20%로 높이겠다고 발표했다. 앞으로도 원전 관련한 정책은 정치권

의 화두가 될 전망이다.

원전	한신기계, 서전기전, 한전산업, 한전기술, 보상파워텍, 에너토크, 일진파워, 우리기술, 비에이치아이, 두산중공업

일곱째, 세종시 이전 정책이다. 행정 수도 세종시 이전 문제는 2002년 노무현 대통령 후보 공약으로 취임 후 이전을 추진했다. 하지만 헌법재판소의 위헌 판결로 일단락된 후 다시 최근에 정치권의 화두가 되고 있다.

세종시 이전	대주산업, 유라테크, 프럼파스트, 계룡건설, 영보화학, 성신양회

매매에서 가장 중요한 것은 무엇일까? 주식 매매의 정석은 싸게 사서 비싸게 파는 것이다. 그러나 현실적으로 쉽지는 않다. 주식은 확률 게임이다. 그래서 높은 확률에 도달하기 위해서는 기본적 분석과 기술적 분석을 병행하며 학습해야 한다. 나는 매매하면서 '비타민'이라는 세 글자를 기억하며 적용하려고 노력한다. 비타민이란 무엇일까?

첫째는 비중 조절이다. 비중 조절을 잘하기 위해서는 매수 전에 자신만의 기준을 정해 매매 시나리오를 작성해야 한다. 주가가 상승만 하면 좋겠지만 주가는 절대로 내 생각대로만 흘러가지 않는다. 따라서 나만의 기준에 따른 저항선과 지지 라인을 정해 분할 매수와 매도 관점으로 관리해야만 한다.

둘째는 타이밍이다. 주식의 타이밍은 내 계좌가 수익이 될 수도 있고 손실이 날 수도 있는 양날의 칼날이다. 사실 '타이밍이 좋았다, 나빴다'라고 판단할 수 있는 것은 결과론적인 이야기일 수 있다. '매수는 기술이고 매도는 예술이다'라는 주식 시장의 명언을 보더라도 저항과 지지 여부를 보고 매수와 매도 타이밍을 잡아야 할 것이다.

셋째는 민감하지 않을 것이다. 내가 팔면 주가가 오르고 내가 사면 주가가 내려가는 경험을 대부분 해 보았을 것이다. 그런 아쉬움에 달리는 말에 매수해 고점에서 고생하는 사람도 있다. 수익을 많이 내는 건 중요하다. 그러나 더 중요한 것은 잃지 않는 매매를 하는 것이다. 그것이 주식 시장에서 오래 살아남는 방법이다. 강한 사람이 오래 살아남는 게 아니라 오래 살아남는 사람이 강한 것이다. 자신만의 기준을 갖고 하는 매매는 아무리 강조해도 부족함이 없을 것이다.

PART 6

매매의 기술

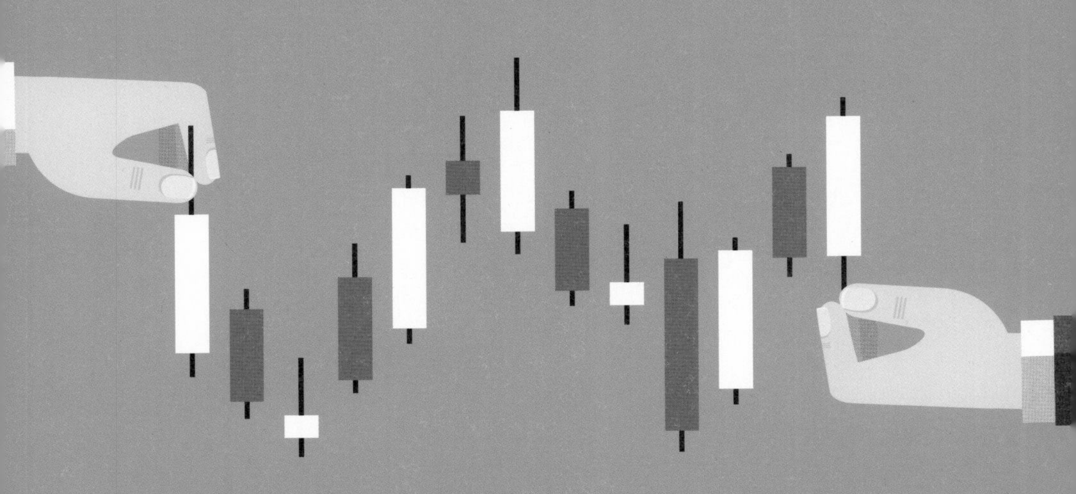

시장에서 주목받는 종목을 정리하자

첫째, 매일 상한가 종목과 10% 이상 오른 종목에 대한 상승 이유를 섹터별, 테마별로 정리한다. 섹터와 테마 안에서 어떤 종목이 움직였는지를 파악하고 해당 종목의 차트 모습과 수급 등을 확인하는 게 중요하다. 시간외 상승했던 종목 중에서 거래량이 5만 주 이상인 종목도 정리해야 한다. 다음 날 시초가에 어떤 흐름을 보이는지를 살피자. 시간 외에서 거래량과 상관없이 상한가가 나오면 다음 날 음봉으로 마무리될 가능성이 높기 때문에 시간 외 거래량은 항상 체크해야 한다.

[0162] 상한가/하한가

◉전체 ○코스피 ○코스닥 ◉상한 ○상승 ○보합 ○하락 ○하한 ○전일상한 ○전일하한 조회

◉등락률순 ○종목코드순 ○연속횟수순(상위100개) 전체조회 전체조회 전체조회 전체조회 전체조회

종목명	현재가	전일대비	등락률	거래량	전일거래량	매도잔량	매도호가	매수호가	매수잔량	횟수
클라우드에어	2,145	↑ 495	+30.00	8,995,291	791,282	162,323	2,145	2,140	2,109	0
흥아해운	3,410	↑ 785	+29.90	2,163,385	228,097	0		3,410	8,185,102	2
위메이드맥스	13,100	↑ 3,000	+29.70	3,181,814	2,416,845	0		13,100	205,846	0
코오롱플라스	16,600	↑ 3,800	+29.69	24,812,135	3,593,348	0		16,600	502,480	0

뉴스 분석도 잘해야 한다. 뉴스가 나오면 주가의 반응은 각양각

색이다. 어떤 종목은 뉴스가 나오는 즉시 바로 반응하는가 하면(상승이든 하락이든), 뉴스가 나온 후 얼마의 시간이 지나야 반응하는 경우도 있다. 해당 종목을 매매하지 않더라도 뉴스와 주가의 흐름을 살피면 일정한 패턴을 익힐 수 있다. 특히 뉴스가 나온 시점에 분봉을 꾸준히 확인하면 뉴스 매매에 도움이 된다. 또한, 뉴스를 해석하는 능력도 키워야 한다. 뉴스에서 나오는 재료의 크기를 파악하는 능력을 키우려면 뉴스와 주가의 상관관계를 지속적으로 관찰하고 추적해야 할 것이다. 복기 매매가 중요하다.

매매한 종목이 있다면 매수 타점과 매도 타점을 복기하자. 복기할 때는 매수 근거와 매도 근거를 제시할 필요가 있다. 왜 저 위치에서 매수하고 매도했는지를 파악해야 향후 매매에 유리하다. 단기적인 관점으로 매매했는지, 중기적인 관점에서 매매했는지를 파악하고 그에 맞게 복기하며, 해당 종목의 흐름을 지속해서 관리하자.

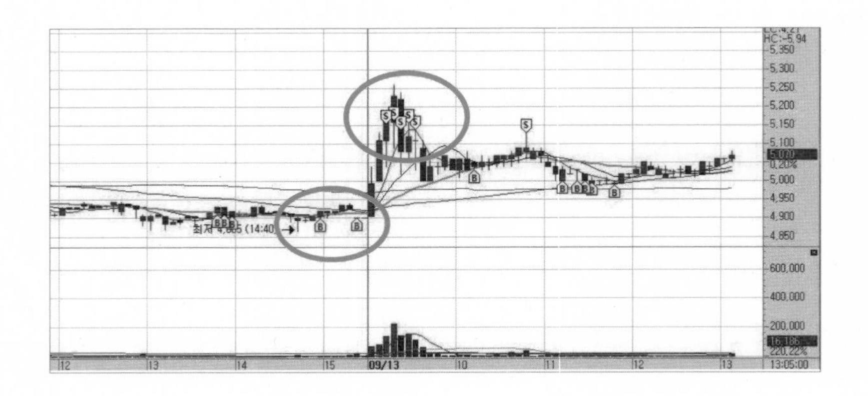

더불어 추적 종목의 흐름을 관찰해야 한다. 평소 관심 있게 보고 있는 종목의 흐름을 지속적으로 관찰하며 매수 타점을 잡아 보자. 시나리오를 작성하며 패턴을 익히는 것이다. 이렇게 패턴을 지속해서 익히다 보면 확률이 높은 매매가 가능해진다. 비중은 연습 후에 서서히 늘리면 된다.

둘째, 매주 주말마다 다음주 주식 일정과 관련주를 정리한다. 나는 한경의 컨센서스에서 발행하는 주간 리포트를 활용한다. 증권사별 애널리스트들의 분석 리포트, 투자 의견, 목표 주가 등을 모아 제공하는 서비스여서 활용도가 높다. 또한, 뉴스 파악은 일정 매매를 위해서도 중요하다. 분야를 골라서 보기보다 종합적으로 보자. 뉴스에 정부 부처 일정과 대기업의 신사업 일정을 소개하는 경우가 많으니 활용하면 좋다. 처음에는 뉴스를 보며 일정을 정리하는 게 쉽지는 않을 것이다. 그러나 꾸준히 하다 보면 뉴스의 헤드라인과 내용만 보아도 관련 섹터와 종목들이 연상된다.

구체적으로 정부 부처 일정은 연합인포맥스 사이트를 확인하면 좋다. 매주 토요일에 정부 부처 일정 기사와 부처별 일정을 일자별로 제공한다. 여기에서 제공하는 일정을 보고 뉴스의 빈도를 체크하면 재료의 크기를 가늠할 수 있다. 대기업의 일정은 관련 기업의 움직임을 파악할 수 있게 한다. 물론, 일정대로 주가가 움직이면 좋겠지만 그런 경우는 많지 않다. 일정 발표 전날 주가가 움직이기도 하고, 해당

일의 시간 외에서 움직이기도 한다. 그러나 시장의 상황이 좋다고 전제하고 관련 종목에 주목해야 한다. 이때 주의해야 할 점은 당일 일정은 재료 소멸이 될 가능성이 높다는 것이다. 주가 움직임에 바로 대응해야 한다.

그 외에 전시회나 박람회 일정도 체크해야 한다. 특히 시장을 주도하는 섹터와 관련된 전시회나 세미나, 박람회라면 놓치지 않아야 한다. 전시회와 박람회의 규모, 참가 업체의 수, 상장된 참가 업체를 확인하자.

한국전시산업진흥회(http://akei.or.kr)

우리나라의 전시 산업 진흥을 위해 2002년 산업통상자원부 산하에 설립된 단체이다. 전시회 인증과 개최 지원 및 평가, 교육 사업 등의 업무를 수행하고 있으며 대한무역투자진흥공사(KOTRA)와 각종 협·단체, 민간 전시 주최자와 디자인·서비스의 60여개 회원사가 활동한다. 산업별 전시회 일정이 공지되니 관심을 두고 확인하자.

기업마당(https://www.bizinfo.go.kr/)

중소벤처기업부가 운영하는 중소기업 종합 지원 대표 브랜드이다. 중소기업 관련 정보는 찾기 힘들기 때문에 이렇게 정보를 한데 모아 제공하는 서비스를 이용하면 좋다. 기업에 유용한 행사 정보와 정책 뉴스, 입주 기업 모집 공고 등 중소기업인을 위한 다양한 콘텐츠를 제공하는 것이 특징이다. 그 외 일정 정보를 알 수 있는 사이트는 다음과 같다.

- 통계청(https://www.kostat.go.kr/)
- 청와대(https://www1.president.go.kr/)
- 정부24(https://www.gov.kr/)
- 국회(https://www.assembly.go.kr/)
- 38커뮤니케이션(https://www.38.co.kr/)

셋째, 매달 증시 이슈와 테마를 확인해 정리한다. 매일 시장에서 움직인 테마를 정리한 것을 이용하여, 한 달간 시장의 흐름을 읽는 것이다. 주목할 것은 주도주로 움직인 종목의 파동이다. 상승 이후 기간 조정과 가격 조정을 거쳐 재차 상승하는 수가 있기 때문이다. 지속해서 관찰하고 추적해야 할 종목이다. 월말이나 월초에는 과거와 현재의 자료로 시장을 큰 그림으로 보고 예측해야 한다. 예단하지 않으면서 시장에 대응할 수 있도록 하자.

종목 선정 어떻게 할까?

주식 시장에는 2,500여 개의 종목이 있다. 이 많은 기업 중에 어떤 종목을 선택해 매매해야 할까? 종목을 선정하기 위해서는 시장에서 주도하는 테마와 재료의 크기를 고려해 시장을 큰 그림을 파악할 수 있어야 한다. 앞서 말했듯이 주식 투자를 할 때는 기본적 분석과 기술적 분석을 해야 하며, 기본적 분석은 기업의 재무제표와 영업 활동의 내용을 분석하는 것이고, 기술적 분석은 차크와 거래량, 거래 대금, 보조 지표 등을 분석하는 것이다. 구체적으로 알아보자.

구분	기본적 분석	기술적 분석
주요 자료	재무제표, 경기, 환율, 금리	차트, 뉴스, 재료
투자 기간	중장기 투자	단기 투자
투자 성향	가치	심리, 수급

첫째, 자신의 투자 성향을 파악한다. 투자자인 자신의 투자 성향을 파악해야 전략을 세울 수 있기 때문이다. 주식 매매에 있어 가장

먼저 고려해야 할 부분이기도 하다.

주식 투자는 크게 톱다운 방식과 바텀업 방식으로 나눌 수 있다. 톱다운 방식은 하향식 투자로 거시 경제와 산업 분석을 통해 유망 산업을 찾아내야 한다. 그런 다음 기본적 분석을 통해 개별 기업을 찾는다. 단기 투자자들이 선호하는 투자 방식이다. 바텀업 방식은 상향식 투자로 특정 종목의 내재 가치를 분석한 다음 거시 경제 지표를 분석하는 방법이다. 장기 투자자들이 선호하는 투자 방식이다. 자신의 투자 성향을 알면 알맞은 방법을 선정할 수 있다.

둘째, 시장의 분위기를 체크한다. 시장을 체크하는 방법은 크게 거시적 방법과 미시적 방법이 있다. 거시적으로 시장을 체크할 때는 세계 증시와 선물 시장, 환율, 금리, 유가, 원자잿값 등을 확인하고, 미시적으로 시장을 체크할 때는 당일 상승한 종목, 수급이 들어온 종목을 체크한다.

셋째, 시장의 트렌드를 체크한다. 시장에서 상승한 섹터나 종목이 어떤 재료와 뉴스로 움직였는지를 확인하는 것이다. 정부 부처 일정과 대기업 일정을 파악해 주가가 맞게 움직였는지를 보면 된다. 또한 시장에서 주목받은 섹터가 새로운 뉴스로 움직인 건지, 차트상 주가의 위치가 어떠한지를 확인하는 것도 중요하다.

넷째, 섹터별 관련 종목을 정리한다. 시장에는 많은 기업이 있고, 각 기업은 업종에 따라 분류된다. 정리할 때는 이러한 기업이 업종에 따라 한눈에 들어오게 해야 한다. 그래야 시장에서 관련 업종에 수급이 들어올 때 흐름을 읽을 수 있다. 시장에서는 업종별로 대장주 종목, 부대장주 종목으로 움직이는 경향이 있다. 대장주 종목이 움직이면 부대장주 종목이 따라 움직이는 식이다. 반드시 업종별로 정리해두어야 이러한 흐름을 읽을 수 있다.

다섯째, 기업의 기본적 분석을 한다. 그리고 주식의 가격이 해당 주식의 내재 가치보다 낮으면 그 주식을 매수한다. 주가가 내재 가치 이상일 때 매도하면 평균적으로 수익을 낼 수 있다는 게 핵심이다. 기본적 분석은 주식 투자의 기본이어서 기본적 분석이라고 말하는 것이다.

여섯째, 기업의 기술적 분석을 한다. 기술적 분석은 기업과 주식의 내재 가치와는 관계없이 주가의 흐름과 거래량을 도표화해서 분석하는 방법이다. 시장의 수요와 공급에 따라 주가가 결정되는 만큼 우리는 과거의 지표나 도표 등을 통해 변동 추세를 읽어내고 미래의 주가를 예측할 수밖에 없다. 차트를 읽을 때 중요한 부분은 거래량과 거래 대금이다. 수급의 주체가 외국인인지, 기관이나 연기금인지, 개인인지를 파악해야 한다. 수급이 들어온다는 것은 거래량과 거래 대금이 이전과는 다르게 대량으로 발생한다는 뜻이다. 매도세보다 매수세가 강하다는 걸 알 수 있다.

일곱째, 일상과 관련 있는 종목을 선택하자. 일상을 복기하면 자신이 가장 많이 접하는 분야와 관심 분야가 나뉠 것이다. 그 분야에서 관련 종목을 찾아서 분석하는 것도 좋은 방법이다. 예를 들어, '내가 자주 이용하는 택배사가 어디인가?'를 생각해 보고 시장에 상장된 택배사를 검색해 보는 것이다. 자주 사용하는 전자결제 시스템을 살피고 해당 기업을 살피는 것도 좋다. 이렇게 주변을 돌아보며 관련 기업을 파악하고 정리한다면 여유 있고 즐겁게 주식 매매를 할 수 있을 것이다.

매수 어떻게 할까?

종목 선정이 끝났다면 이제는 매수할 차례다. 사실 주식 투자의 시작은 매수다. 그런데 같은 종목을 매수하더라도 어떤 사람은 수익을 내고 어떤 사람은 손해를 본다. 왜 같은 종목인데도 이런 결과를 맞이하는 걸까? 결론부터 말하면 '자신만의 기준을 정하고 임하는지'가 관건이다. 그렇다면 어떻게 매수해야 하는가. 처음 할 일은 자신의 투자 성향을 파악해 기준을 세우고 투자 시나리오를 작성하는 것이다. 매수하기 전 고려할 사항은 다음과 같다.

첫째, 거래량과 거래 대금을 보자. 그리고 전일 대비 거래량이나 거래 대금이 급격하게 동반했다면 단타 대응할지 눌림목(가격 조정, 기간 조정)에서 대응할지를 고민한다. 전날 대비 거래량이 1,000% 이상 터졌다면 주가의 흐름을 지속해서 추적할 필요가 있다. 거래량은 주가에 선행하는 지표이므로 주가를 움직이는 원동력이 되기 때문이다.

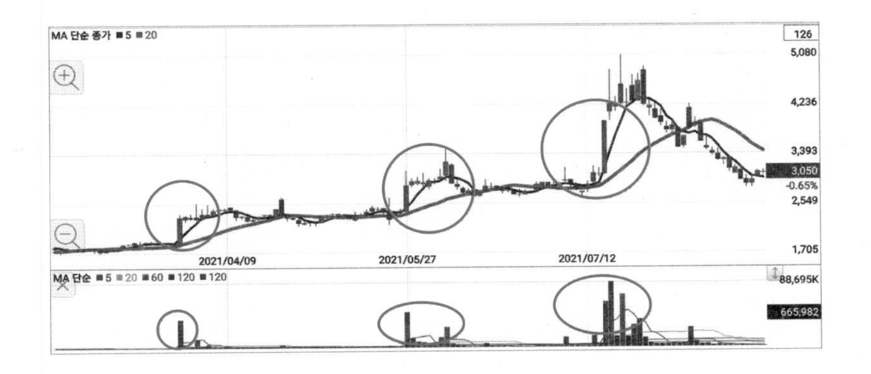

둘째, 거래량이 터지고 난 이후의 차트 모습을 살피자. 위의 차트를 보면 거래량이 처음 터진 뒤 거래량이 터진 캔들의 종가를 살짝 깨기는 했지만 종가 2,315원을 지키면서 거래량이 급감한다. 그리고 다시 대량의 거래를 동반하며 상승했다. 거래량이 터진 캔들의 종가 2,850원을 살짝 깼지만 거래량 없이 일정한 가격을 지지하는 모양새다. 우리는 이러한 흐름을 통해 몇 가지를 확인할 수 있다. 거래량이 터진 뒤 거래량이 급감했는지, 분봉(3분봉, 15분봉, 30분봉 등)과 주봉, 월봉을 통해 일정한 가격(저항과 지지)을 지켜 주었는지 등이다.

아래의 차트에는 5일선과 20일선만 넣었다. 그러나 지금의 위치가 3일선, 5일선의 단기 이동 평균선을 지지하는지, 10일선과 20일선을 지지하는지도 확인해야 한다. 다시 한 번 상승할 가능성이 있어야 한다. 주가의 위치에 따라 대응은 달라지지만 확인해야 할 부분이다. 만약 주가의 위치가 고가라면 3일선과 5일선의 지지 여부를 보며 매수 타점을 잡아야 할 것이다. 그러나 매수하기 전에 주가의 위치가 저가

라면 손절 라인을 정하고 매수에 임해야 한다.

차트를 보는 이유는 지금의 자리가 살 만한 자리인가를 파악하기 위함이다. 물론, 차트는 후행 지표에 불과하기 때문에 여러 요소(수급, 재료 등)를 종합적으로 고려한 후 매수 여부를 판단해야 한다.

셋째, 뉴스나 기업 공시 등의 재료를 확인하자. 재료를 볼 때는 재료의 크기를 보는 안목을 길러야 한다. 자금과 연결되어 있는 신사업에 대한 뉴스라면 금액의 크기를 보아야 하고, 그 키워드가 허가, 조 단위 금액, 독점 등이라면 크기가 큰 재료이다. 뉴스를 볼 때는 신선한지, 단독인지, 반복되는 뉴스인지, 이차 가공된 뉴스인지도 파악해야 한다. 과거의 뉴스가 재료와 연결된 적이 있는지 또는 주가의 상승과 하락에 영향을 준 적이 있는 뉴스인지를 재차 살피자. 그런 적이 없다면 신선한 뉴스일 가능성이 높다. 그런데 재료만 보고 매수에 가담할 수는 없다. 운이 좋으면 수익을 낼 수 있지만 잘못된 정보의 뉴스라면 주가는 폭락한다. 거래량과 차트를 본 후 재료를 봐야 하는 이유다. 거래량은 주가에 선행하는 법이며, 차트는 저항과 지지를 통해 일정한 가격을 나타낸다.

또한, 매수 유형에는 두 가지가 있다. 첫째는 박스권을 돌파할 때이다. 거래량이 들어온 이후 주가는 상승 후 물량 소화의 과정을 거쳐 재상승하는 수가 있다. 물론 재료가 강력해서 매수할 기회를 주지 않고 급등하는 경우도 있지만 보통은 거래량이 들어온 뒤 거래량을 줄이며 일정한 가격을 지지해 물량 소화의 과정을 거친다. 기간 조정을 거칠 때는 3일선이나 5일선을 지지하는 모습을 보인다. 단기 이동평균선과 거래량을 보며 매수 타점을 잡을 필요가 있다. 주가가 고가라면 손절 라인을 정해 놓고 매매에 임하고, 위에 매물대가 없다면 3일선과 5일선을 지지하는지를 보며 매도할지 홀딩할지를 판단한다.

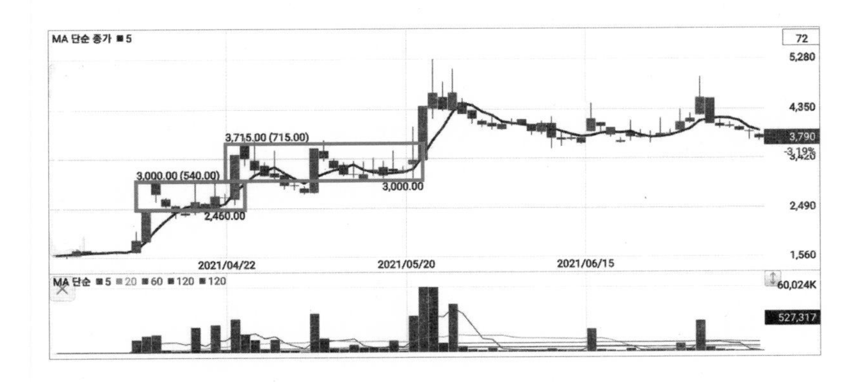

둘째는 일정한 가격을 지지할 때다. 아래는 전형적인 박스권의 모습을 보여주는 차트로 거래량이 들어온 곳을 기준봉으로 세웠다. 기준봉을 세웠다는 것은 이전의 박스권을 돌파하며 장대양봉을 만들어 장대양봉의 시초가를 지켜 주는 모습을 보인다. 주가는 일정 구간에서 상승과 하락을 반복하며 저항과 지지의 모습을 보인다. 장대양봉이 나온 이후 주가가 가격 조정과 기간 조정을 반복하고, 거래량이 들어온 지점을 지지한다면 그것이 매수 타점이 될 수 있다. 박스권의 상단은 단기적인 매도 타점이 될 수 있다.

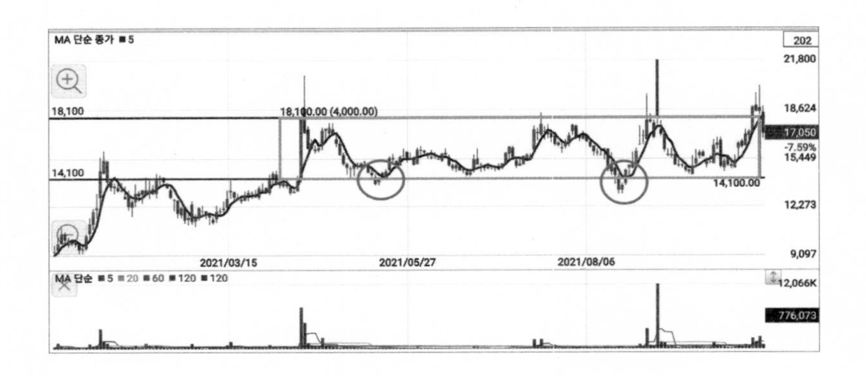

셋째는 단기 이동 평균선을 이용하는 것이다. 이동 평균선은 단기와 장기로 나뉜다. 120일선 위에서 주가가 움직인다면 추세가 무너졌다고는 볼 수 없다. 그래서 5일선과 20일선의 흐름을 보고 매수 타점과 매도 타점을 잡는 것이다. 5일선이나 20일선이 우상향하는 모습이라면 종목에 대한 재료와 수급과 거래량을 살피면서 매수 타점을 잡아볼 수 있다. 간단하게 정리하면 5일선과 가까우면 매수, 5일선과 벌어지면 매도의 전략이 된다. 어떻게 보면 이 방법이 간단하면서 어려운 매매 대응일 수 있다.

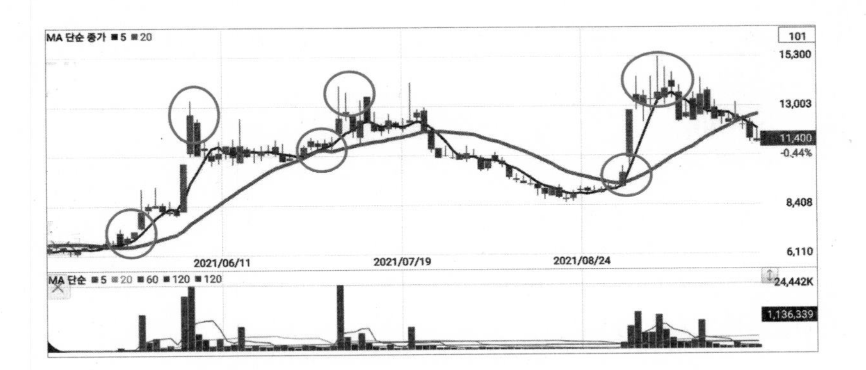
MA 단순 종가 ■5 ■20
101
15,300
13,003
11,400
-0.44%
8,408
6,110
2021/06/11
2021/07/19
2021/08/24
MA 단순 ■5 ■20 ■60 ■120 ■120
24,442K
1,136,339

매도 어떻게 할까?

많은 사람이 매도가 매수보다 어렵다고 한다. '매수는 기술이고 매도는 예술이다'라는 부동산 시장의 격언이 주식 시장에서도 통용되는 걸 보면 그만큼 매도가 어렵다는 뜻일 것이다. 나는 '매수가 만남이라면 매도는 헤어짐이다'라고 말하고 싶다. 이 말에는 어떤 매도에도 아쉬움과 미련은 남지만 잘 헤어지면 의미가 있다는 뜻이 있다. 또한, 매도는 결국 욕심의 크기이다. 과욕하면 탐욕이 되므로 경계해야 할 것이다. 매도 후 아쉬움은 남지만 그 아쉬움에 대해 스트레스 받지 않았으면 한다. 결과론적인 해석에 얽매이다 보면 주식 시장에서 오래 살아남을 수 없다. 매일 공부하여 실수를 줄이고 시세를 줄 때 분할로 청산하는 게 옳다. 이와 동시에 해야 할 것이 시장의 흐름에 따라 대응하는 것이다. 아쉬워도 자신의 기준을 정해 대응했다면 결과를 받아들이고 다음 스텝을 준비해야 한다. 원래 주식이라는 게 욕심을 부리는 게 맞다. 그러나 그 욕심의 정도는 적당해야 한다. 적당하다는 기준이 모호하지만 그것 또한 자신의 기준에 따라야 한다.

그런데 수익이 났음에도 매도하지 않는 사람이 있다. 이 상태에서 시장이 폭락하면 참 난감하다. '아침에 팔걸, 종가에 팔걸, 상한가에 팔걸.' 하고 후회만 남는다. 무엇이 더 현명한지는 스스로 판단해야 할 것이다. 즉, 매도 또한 매수와 마찬가지로 기준을 정해 대응해야 한다. 폭락했을 때 대응에는 두 가지 방법이 있다. 다시 매수가까지 올라오기를 기다리거나, 주가가 조금이라도 상승했을 때 매도 시점을 찾는 것이다. 매도의 방법은 다음과 같다.

첫째, 일단 추세선을 확인하자. 주가 흐름의 특징은 어느 기간 동안 같은 방향으로 움직이는 것이다. 이를 추세라고 하며 차트에서 일정한 직선 또는 일정한 곡선으로 나타는 선을 추세선이라고 한다. 이 추세선은 저항과 지지의 역할을 한다. 저점과 저점을 잇거나 고점과 고점을 이어서 만든 것이다. 그래서 추세선을 벗어나면 단기적으로 매도하고 추후 흐름을 지켜봐야 한다.

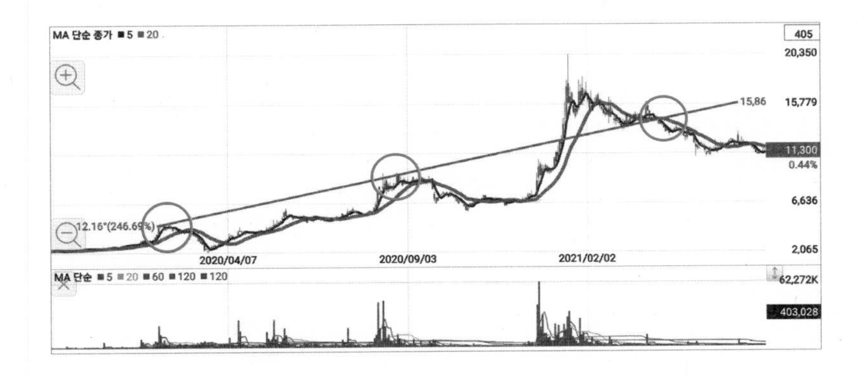

둘째, 전 저점을 지키는지를 파악하자. 대량의 거래량이 들어오면 주가는 상승 후 상승과 하락을 반복하는 모습을 보인다. 대량의 거래량을 동반해 장대양봉이 만들어졌다면 이후의 흐름을 추적해야 한다. 시세를 줄 때 분할로 청산하고, 나머지 물량은 지키는 자리, 즉 장대양봉이 나온 이후 가격 조정과 기간 조정이 이루어질 때 만들어진 저점을 확인하고, 저점을 지키는지를 확인하는 것이다. 하락 추세에 있던 주가가 거래량이 들어오며 저점을 깬다면 단기적으로는 매도하는 게 맞다. 이후 주가가 전 저점을 회복할 수도 있고, 저점이 어딘지도 모를 정도로 하락할 수도 있기 때문이다.

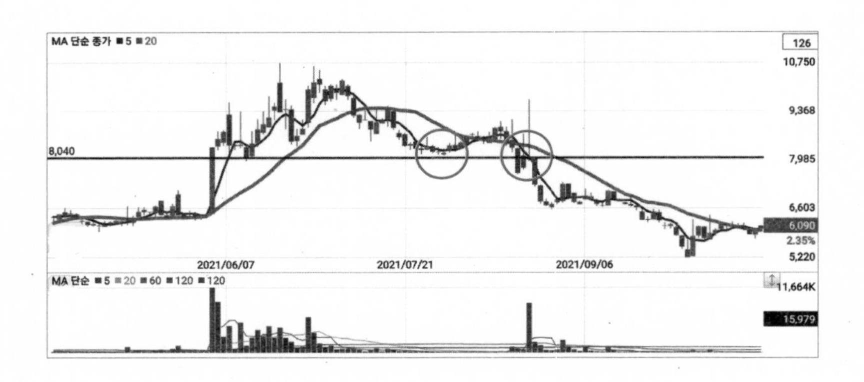

셋째, 이동 평균선을 이용한다. 매수의 방법에서 소개한 적이 있는 방법이다. 5일선과 20일선의 이동 평균선을 기준으로 했을 때, 5일선과 20일선을 지지하지 못하고 깨는 모습이라면 단기적으로 매도로 대응한다. 이후 추세가 전환되면서 5일선과 20일선까지 올라오는 모습이라면 추적할 필요가 있다.

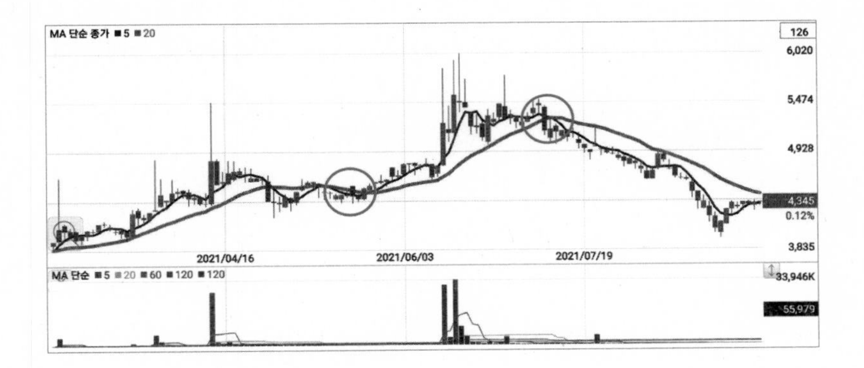
MA 단순 종가 ■5 ■20
126
6,020
5,474
4,928
4,345
0.12%
3,835
2021/04/16
2021/06/03
2021/07/19
MA 단순 ■5 ■20 ■60 ■120 ■120
33,946K
55,979